세일즈맨들은
답을 찾고 있다

세일즈맨들은 바로 지금 답을 원한다.
세일즈맨들은 신속한 답을 원한다.
세일즈맨들은 비용 없이 답을 원한다.

이 책을 읽어라.
그러면 이 중에서 최소한 두 가지는 얻게 될 것이다.

"세일즈를 성공시키기 위한
질문과 답을 모두 익히는 데는 시간이 걸립니다.
그러나 여러분은 즉시 답을 원하겠죠.
제가 그 답을 알려 줄 이 마법의 공을 팔게 된 걸
기쁘게 생각합니다."

세일즈에서 성공을 위해 반드시 필요한 것이 무엇인가?

세일즈에서 당신의 능력을 전부 발휘하지 못하는 이유는 무엇인가?

왜 다른 것들, 다른 사람, 당신의 상사가 방해한다고 생각하는가?

왜 경쟁업체가 가격을 내리기만 해도 경쟁에서 지는 것일까?

왜 고객은 다시 주문하지 않는 것일까?

왜 능력보다 보수가 낮은가?

왜 능력만큼 돈을 벌지 못하는가?

왜냐하면 아직!
모든 답을 알고 있지 않기 때문이다.

이 책에 그 모든 답이 들어 있다.
세일즈 감각을 길러 주고,
계약을 성사시킬 수 있게 하고,
돈을 벌게 해 주는
'99.5가지의 실제적인 답들'이 들어 있다.

세일즈 시크릿
열정

RED BOOK of SALES ANSWERS

제프리 지토머 지음 | 최연주 옮김

아카데미북

세일즈 시크릿 **열정**

지은이 제프리 지토머
옮긴이 최연주
펴낸이 양동현
펴낸곳 도서출판 아카데미북
　　　　출판등록 제13-493호
　　　　136-034, 서울 성북구 동소문동4가 124-2
　　　　전화 02-927-2345 팩스 02-927-3199

초판 1쇄 인쇄 2010년 8월 15일
초판 1쇄 발행 2010년 8월 20일

ISBN 978-89-5681-112-3 13570

LITTLE RED BOOK OF SALES ANSWERS :
99.5 REAL WORLD ANSWERS THAT MAKE SENSE, MAKE SALES, AND MAKE MONEY,
1st Edition, ISBN : 0131735365 by GITOMER, JEFFREY, published by Pearson Education, Inc,
Publishing as FT Press, Copyright ⓒ 2006.
KOREAN language edition published by ACADEMY BOOK, Copyright ⓒ 2010.
Korean translation rights arranged with PERSON EDUCATION, INC., publishing as FT Press
through PLS Agency, Seoul KOREA.

이 책의 저작권은 PLS 에이전시를 통한 저작권자와의 독점 계약으로
도서출판 아카데미북에 있습니다. 신저작권법에 의해 보호를 받는 서적이므로
무단전재나 복제를 금합니다.

www.academy-book.co.kr

세일즈맨의 74%는 세일즈 기회,
고객 설득과 관련된 문제에 대해
최선의 답을 알지 못한다.

이들은 대부분 성공적인 세일즈에 대한
최선의 답을 모르므로,
자신이 어디에 있고, 무엇을 말하고,
어떻게 해야 할지 모른다.

당신이 알아야 할 세일즈에 관한
중요한 답이 이 책에 다 들어 있다.

세일즈맨들은 신속하고 항상 쉽게 활용할 수 있는 답을 찾는다.

좋은 소식은, 그런 답이 있다는 것이다.

나쁜 소식은, 성공한 세일즈맨이 되려면 그것을 이해하고 연습하고 익혀야 한다는 것이다.

만약 이 책에 제시된 답을 모두 알기만 하면 유능한 세일즈맨이 될 것이라고 생각한다면 오산이다.

유능한 세일즈맨이 되려면 이 책을 읽는 것부터 시작해야 한다. 그런 뒤에 할 일은 무엇일까? 이 책을 다시 읽는 것이다. 그리고 세 번째는 하나의 답을 매일 매일 실천하는 것이다. 만약 첫 시도에서 예상했던 좋은 결과가 나오지 않았다면 다시 시도해 보라. 그리고 약간 변형시켜 보라. 그런 다음 네 번째는 그 답들이 제대로 작용한다는 느낌이 올 때까지 계속해서 연습하라. 당신이 마지막으로 해야 할 일은 이 책에 제시된 방법들을 완전히 익히는 것이다.

비결 : 각각의 답을 자신의 세일즈 상황에 맞게 적절히 채택한다. 그런 다음 자신의 스타일과 성격에 맞는 방식으로 실행한다.

당신이 약속을 잡기 위해 취하는 행동, 음성 메시지를 남기는 방법, 고객을 만난 뒤에 취하는 후속 조처, 프레젠테이션을 하는 방식과 세일즈를 요청하는 방식을 떠올려 보라. 또 성난 고객을 대하는 방식, 고객을 소개받고 추천 받는 방식, 이런 각각의 상황에서 완벽한 답을 알고 있다면 그야말로 금상첨화가 아니겠는가?

당신은 운이 좋은 사람이다. 방금 상황에 대한 답과 99.5개의 색다른 답이 바로 이 책에 들어 있기 때문이다. 현실적인 답, 실제 세일즈 장면에서 활

용할 수 있는 답, 읽자마자 실천해 볼 수 있는 답, 그 결과가 은행 잔고의 변화로 즉시 나타나는 답이 이 책에 들어 있기 때문이다.

내 동생 조쉬(Josh)는 세상에 의문만 있지 답은 없다고 주장한다. 다행히도 조쉬는 성가대의 일원이자 그래픽 디자이너이지 세일즈맨이 아니다. 부분적으로 조쉬의 말이 맞기도 하다. 상당수의 질문들은 오히려 더 깊은 의문을 만들어 낸다. 그리고 그런 질문의 경우 당신 스스로 답을 찾아야 한다. 하지만 이런 질문에 대한 답은 쉽게 알아낼 수 있다. 왜냐하면 이 책에 제시된 다른 99.5가지의 답 때문이다.

당신이 알아야 할 중요한 사실이 있다. 당신의 운명은 당신 자신이 결정한다는 것이다. 그리고 그런 질문들에 대한 답을 익히는 방법에 따라 운명이 좌우된다. 또 여기서 얻어진 답을 어떻게 활용하느냐에 따라 당신의 성과도 달라진다.

훌륭한 소식이 하나 더 있다. 회사를 위해 하는 세일즈는 결국 회사 내에서 당신이 주도적으로 운영하는 '당신의 비즈니스'라는 점이다. 당신이 성사시킨 주문이 장부에 기입되면 기계가 가동한다. 제품이 운송되고, 마지막으로 고객에게서 대금이 들어올 것이다. 회사는 이 돈으로 당신의 급여를 지급하고 다른 직원에게도 급여를 지급할 것이다. 여기서 말하는 다른 직원에는 회사의 CEO나 오너도 포함된다.

1946년, 위대한 레드 모틀리(Red Motley)가 말했다. "거래하기 전까지는 아무것도 발생하지 않는다." 60년이 지났지만 그의 말은 어느 때보다 더 의미 깊게 다가온다. 당신의 일은 거래를 만드는 것이다. 이 책을 읽고 답을 익힘으로써, 경쟁자보다 한 발 앞서 세상으로 나가 세일즈를 하게 될 것이다.

세일즈 업계의 짐이
당신의 두 어깨에 달려 있다.

이 책을 읽으면서 각 페이지 앞머리에서
세일즈 아틀라스를
보게 될 것이다.

그는 당신이 당신의 회사를 지탱하는 것과 마찬가지로 각 페이지의 타이틀을 어깨에 짊어지고 있다.

당신 회사의 세일즈가 성공하느냐는 당신의 두 어깨에 달려 있다.

자, 다음은 좋은 소식이다.

회사에서 당신에게 기대하는 모든 거래를 다 성사시킨다면, 당신은 완벽한 상태에 도달한 것이다. 당신이 벌어들인 돈을 은행으로 짊어 나를 수 있을 만큼 육체적으로 완벽한 상태에 도달한 것이다!!

세일즈를 위한 최선의 방법은 무엇인가?

세일즈를 위한 최선의 방법은 고객과 친해지는 것이다.

세일즈를 위한 최선의 방법은 고객과의 공통의 관심사를 찾는 것이다.

세일즈를 위한 최선의 방법은 고객에게 동기를 제공하고, 고객의 니즈(needs)를 알아낼 수 있는 질문을 하는 것이다.

세일즈를 위한 최선의 방법은 세일즈 대화 내내 긴장하지 않는 것이다.

세일즈를 위한 최선의 방법은 고객이 구매할 때 직면할 수 있는 모든 리스크와 장애물을 제거해 주는 것이다. 그 점에서 확신을 한다면, 다음 단계의 약속, 예를 들면 날짜와 같은 것을 물어보는 것이다.

세일즈를 위한 최선의 방법은 사람들이 구매하고 싶도록 환경을 만드는 것이다.

최종 답 : 현실에서는 단 하나의 최선책은 없다. 그러나 최선의 요소들이 합쳐지면 경쟁자를 이길 수 있다. (패배자들이 속한 곳으로 날려 버릴 수 있다.)

목차

PART 1 .... 18~46
개인의 향상을 통한 개인의 성장

PART 2 .... 47~73
절호의 찬스를 간파하고 내실 있는 약속 잡기

PART 3 .... 74~96
세일즈 전투와 전쟁에서 승리하는 방법

PART 4 .... 97~172
세일즈 기술 쌓기, 한 번에 벽돌 하나씩

PART 5 .... 173~211
우정을 쌓고, 관계를 만들고, 소개장을 받고, 상품 추천서를 받고, 재주문 받기

PART 6 .... 212~227
나만의 브랜드 만들기

PART 6.5 .... 228~232
나만의 브랜드 만들기

당신은 무엇을 알기를 원하는가?

PART 1
개인의 향상을 통한 개인의 성장

1 세일즈란 무엇인가? _ 19
2 내가 꿈꾸고 바라는, 성공한 사람이 되는 방법은 무엇인가? _ 21
3 어떻게 하면 날마다 최선을 다할 수 있지? _ 24
4 긍정적인 태도를 유지하는 방법은? _ 26
5 유머 감각을 기르는 법은? _ 28
6 독창성을 향상시키는 방법은? _ 30
7 글 쓰는 능력을 향상시키는 법은? _ 32
8 회사에서 노트북도 사 주지 않는다면 어떻게 해야 할까? _ 34
9 멘토 구하는 법, 인맥 만드는 법 _ 35
10 실패를 두려워하는 이유 그리고 거절로 인한 낙담을 극복하는 방법 _ 37
11 걱정 없이 사는 법 _ 39
12 서재에 있어야 할 긍정적인 책과 CD는? _ 41
13 나 이직할까? _ 43
14 경쟁 금지 조항에 서명해야 할까요? _ 45

PART 2
절호의 찬스를 간파하고 내실 있는 약속 잡기

15 임의방문하는 방법은? _ 48
16 임의방문 없이도 고객과의 미팅 약속을 할 수 있는 방법은? _ 50
17 회사의 하위직을 피하는 방법은? _ 52
18 잠재고객에게 정보를 주는 최선의 방법은? _ 54
19 게이트키퍼를 통과하는 최선의 방법은? _ 55
20 세일즈 약속 전에 잠재고객에 대한 정보를 얻는 최선의 방법은? _ 58
21 약속을 잡는 최선의 방법은? _ 60

- 22 누가 실제 의사 결정자인지 어떻게 알아내는가? _ 62
- 23 잠재고객이 약속 장소에 나오지 않았을 때 _ 64
- 24 잠재고객이 거짓말을 할 때 대처하는 방법은? _ 66
- 25 라이벌은 절대 알지 못하는, 당신만의 통찰력 있는 질문은? _ 68
- 26 왜 최근에 잠재고객 5명에게 거절당했는가? 그 대응법은? _ 70
- 27 최근 10명의 잠재고객이 긍정적인 반응을 보인 이유는? _ 72

PART 3
세일즈 전투와 전쟁에서 승리하는 방법

- 28 최상의 세일즈 어프로치란? _ 75
- 29 세일즈에서 백전백승하는 질문 두 가지는 무엇인가? _ 77
- 30 세일즈에서 가장 어리석은 질문 세 가지는? _ 79
- 31 전화통화를 주도하는 최상의 방법 _ 81
- 32 가격이 거절의 이유일 때 극복하는 방법 _ 83
- 33 망설임과 거절의 차이는? _ 86
- 34 거절을 예방하는 방법은? _ 88
- 35 강력한 구매 신호 제때 알아차리기 _ 90
- 36 세일즈를 질문할 최적의 시간과 방법은? _ 91
- 37 구매자들이 찾는 것과 결정의 단서는? _ 95

PART 4
세일즈 기술 쌓기, 한 번에 벽돌 하나씩

- 38 왜 구매자들은 내 전화에 응답하지 않는 걸까? _ 98
- 39 음성 메시지는 고객에게 어떤 작용을 하는가? _ 101
- 40 인터넷을 활용한 최선의 세일즈 방식은? _ 103
- 41 구매자 유형별 분류의 허점 _ 107
- 42 세일즈 방문 준비하기 _ 108

43 잡상인 출입 금지 경고문을 보았을 때 _ 110
44 경쟁업체를 물리치는 최고의 방법은? _ 111
45 재주문을 받을 수 있는 최선의 방법은? _ 114
46 최선의 후속 조처는? _ 116
47 가치를 부가시키는 방법은? _ 118
48 가치를 먼저 제공한다는 것은? _ 120
49 더 유용한 질문을 만드는 방법은? _ 122
50 세일즈 후의 세일즈란? _ 124
51 왜 고객은 취소를 하는가? _ 125
52 슬럼프를 탈출하는 최선의 방법은? _ 127
53 세일즈맨이 저지르기 쉬운 가장 큰 실수는? _ 129
54 치명적인 세일즈 오류 12.5개 _ 132
55 비즈니스 런치에 포함시켜야 할 것은? _ 135
56 비즈니스 골프는 어떻게 하는가? _ 136
57 고객이 전화를 걸어 불같이 화를 낼 때 대처하는 법 _ 138
58 잠재고객이 최저 가격을 원할 때 이를 방지하는 법은? _ 140
59 내 제안서를 눈에 띄게 만드는 법은? _ 140
60 상품 추천서를 활용하는 최선의 방법은? _ 145
61 경쟁업체의 악의적인 흠집내기와 관련된 고객 관리법 _ 146
62 방문 주저증 극복하기 _ 148
63 감사 카드의 종류 _ 150
64 나의 세일즈 기술은 얼마나 훌륭한가? _ 152
65 매달 목표치를 달성하는 최선의 방법은? _ 156
66 최선의 시간 관리법은? _ 158
67 고객이 거절하면 나는 왜 쉽게 포기하는가? _ 159
68 올해 성과를 두 배로 올리는 최선의 방법은? _ 161
69 세상에서 가장 중요한 사람은 누구인가? _ 162
70 비즈니스 광고에 얼마나 투자해야 하는가? _ 163

71 고객의 비즈니스 성장을 어떻게 도울 수 있는가? _ 165
72 고객의 충성도를 얻기 위해 나는 무엇을 하고 있는가? _ 166
73 나는 얼마나 경쟁에 취약한가? _ 168
74 남보다 앞서기 위해 배워야 할 것과 해야 할 일은? _ 170

PART 5

우정을 쌓고, 관계를 만들고, 소개장을 받고, 상품 추천서를 받고, 재주문 받기

75 고객은 나와의 비즈니스를 편하게 여기는가? _ 174
76 우리 회사 직원은 얼마나 친절한가? 내 상사는 얼마나 친절한가? 나는 얼마나 친절한가? _ 177
77 고객과의 유대감을 형성하는 방법 _ 179
78 관계를 시작하는 최선의 방법 _ 182
79 인맥 만들기는 어디서부터 시작하는가? _ 185
80 강력한 30초짜리 개인광고 만드는 법 _ 186
81 인맥 만들기에 얼마나 많은 시간을 투자해야 하는가? _ 190
82 인맥 만들기 성공의 비결은? _ 192
83 다른 사람보다 우위에 서는 방법은? _ 194
84 상품이나 서비스 사용 추천서는 어떻게 얻는가? _ 196
85 상품 추천서가 거래 성사에 미치는 영향 _ 197
86 최고의 고객을 잃지 않기 위해 지금 해야 하는 일 _ 199
87 고객이 나를 필요로 할 때 손을 뻗으면 닿을 수 있는가? _ 201
88 상품과 서비스 외에 내가 고객에게 가져다주는 가치는? _ 203
89 왜 어떤 고객은 떠나는가? _ 205
90 더 많은 소개장을 받는 법은? _ 206
91 소개장을 받기 위한 최선의 방법과 노력은? _ 208
92 나를 위해 내 '말'을 퍼뜨려 주는 사람이 얼마나 있는가? _ 210

PART 6
나만의 브랜드 만들기

93 경쟁에서 나만의 차별화 방식은? _ 213
94 나는 얼마나 자주 고객과 만나는가? _ 215
95 고객의 구매를 유도하기 위해 내 웹 사이트에 무엇을 해야 하는가? _ 218
96 당신의 주특기는? _ 220
97 당신은 세일즈 리더인가? 세일즈 추격자인가? _ 222
98 내가 가장 뛰어나다고 알려진 분야는? _ 225
99 업계의 리더들은 나에 대해서 뭐라고 말하는가? _ 227

PART 6.5
최종 단계!

99.5 내 일을 얼마나 사랑하는가? _ 229

"~라고 말했어야 했는데……."

이렇게 푸념한 적이 있는가? 물론 있을 것이다. 모두들 있을 것이다. 아주 어렸을 때, 학교에서 시험을 보고 난 뒤에도 그렇게 말한 적이 있을 것이다. 친구, 형제자매, 부모님과 이야기를 나눈 뒤에도 이렇게 생각한 적이 있을 것이다. 더 자라 성인이 되어서도 마찬가지다. 이제 게임 시간이다. 세일즈 시간이다. '~라고 말했어야 했는데……'는 세일즈에서는 용납되지 않는 말이다. 물론 세일즈 초보들은 이 말을 입에 달고 다니겠지만.

세일즈에서 차선책을 택한다면
당신은 첫 번째 패배자가 될 것이다.
세일즈에서 차선책을 택한다면
당신은 수백만 달러의 손실을 볼 것이다.
세일즈에서 차선책을 택한다면
고객을 잃게 될 것이다.
세일즈에서 차선책을 택한다면
일자리를 잃게 될 것이다.

세일즈(와 당신의 삶에서)에서 가장 중요한 질문에 대한 최선의 답을 알고 싶다면 제대로 책을 고른 것이다.

이제 당신이 해야 할 일은 경쟁자보다 더 많이 배우는 것이다.

99.5가지의 현실적인 답

읽자마자 바로 거리로 나가 써 먹을 수 있고
즉시 돈을 벌 수 있는 답들

PART 1
개인의 향상을 통한 개인의 성장

세일즈란 무엇인가?

세일즈맨이라면 누구나(당신을 포함해서) 쉽고 빠르게 결과를 내는 최고의 방법을 알고 싶어 할 것이다.

한번은 보험 세일즈맨을 대상으로 강연하던 도중에 이렇게 질문해 보았다. "여러분 중에서 잠재 보험 가입 고객 리스트를 제가 드린다면 받으실 분 있나요?" 그러자 모두 손을 들었다.

힌트 : 리스트라는 건 없다. 그러나 모든 세일즈맨은 그런 리스트를 받고 싶어 한다.

한 단어로 세일즈란 : **일하기**
두 단어로 세일즈란 : **열심히 일하기**

전혀 새로울 게 없는 다 아는 사실이다. 물론 디즈니랜드의 환상의 나라가 당신의 일터라면 그렇지 않을 수도 있다. 당신은 팅커벨이 아니다. 정신 차려라. 현실에서 마법의 봉 같은 것은 없다. 마법의 공식 따위도 없다. 눈 깜짝할 사이에 거저먹듯이 거래를 가져다 줄 묘약도 없다. 굳이 찾자면 열심히 일하는 것이 묘약이다.

어쩌다 한번 운이 좋아 거래를 성사시키고 나서 그게 자신의 능력이라고 착각할 수도 있다. 하지만 우연히 바로 그 시간에 바로 그 장소에 있었다는 이유로 경력 중에서 가장 큰 거래를 따 낸 사람이 있는가? 당신이 아는 사람 중에 있는가? 물론 당신 생각대로 모든 게 순전히 운일 수도 있다. 그러나 나는 결코 그렇게 생각하지 않는다.

이들이 운이 좋은 거래를 할 수 있었던 이유는 그 시간에, 그 장소에, 준비되어 있었기 때문이다. 자, 그러니 공식에 변수를 하나 더 더하자. **준비**.

이제 준비도 되어 있다. 열심히 일도 했다. 그러면 세일즈를 성사시킬 수 있을까? 그렇지 않다. 다음은 관심을 끌어야 한다. 고객이 당신에게서 구매를 할 수 있을 만큼 상대의 **관심**을 끌어내야 한다.

준비도 되었고, 일도 열심히 하면 세일즈 준비가 다 된 것일까? 그렇지 않다. 잠재고객의 **구매 의지**가 필요하다.

한 건의 거래 성사에 만족한다면 큰 부는 쌓을 수 없다. 커미션은 벌 수 있을 것이다. 영업을 위한 필수 요소는 다음과 같다. 열심히 일하고 준비하고 상대의 관심을 끌고 고객의 의지를 끌어내고, 첫 계약을 하고, 재주문을 받고, 소개장을 받고 제품 추천서도 받게 된다. 그러면 이제 영업 실적을 쌓고, 더 큰 성공을 만들고, 이를 기반으로 부를 축적할 수 있다.

내가 준 공식에 그 어떠한 마술이라도 있다면 이제 당신은 그 마술을 하는 마술사다.

이 공식에 한 가지 더 중요한 부분이 있다. 당신이 하는 마술이니 당신은 비밀을 잘 알고 있다. 놀라운 마술사들에게 어떻게 그렇게 노련할 수 있냐고 물어보면 답은 늘 한결같다. 바로 끝없는 **연습**이다. 자 이제 당신은 다 안다. 후디니(Houdini) 씨!(세계적인 마술사) 이제 당신의 모자에서 세일즈를 꺼낼 차례다.

내가 꿈꾸고 바라는 사람이 되는 방법은 무엇인가?

답 달성 가능한 목표 설정하기.

1년 후 내 모습은?
1년 후 내 세일즈는?
1년 후 그 목표에 도달했을까?
내 삶의 목표가 정해져 있나?
목표를 종이에 적어 놓았나?
(그렇지 않다면 내년이 되어도 그다지 발전이 없을 것이다.)

목표의 가장 전형적인 정의를 알고 있다 : 꿈은 꿈이지만 계획과 데드라인을 수반하는 꿈

(당신을 포함해서) 사람들이 목표 달성에 실패하는 3.5가지 원인.
1 목표를 종이에 써서 눈에 잘 보이는 곳이 붙여 두지 않는다.
2 목표 달성을 위한 계획을 세우지 않는다.
3 자신의 계획을 이행하지 않는다.
3.5 애초부터 달성 불가능한 목표를 세운다.

쉽게 해결책이 보인다. 하지만 많은 연구에 따르면 성인들 중 74%가 목표를 종이에 쓰지도 않는다고 한다. 정말 놀랠 노자다! (이럴 수가!)

다음은 목표 설정과 달성을 위한 기본 7.5단계다.

1 정의하라. 목표를 분명히 써라. 달성하고 싶은 목표를 종이에 정확히 기록하라. 가능한 한 구체적으로.

2 날짜를 정하라. 목표의 시작일과 마감 시한(투자 기간)을 정하라. 시작과 종료 목표가 정해지지 않았을 때는 목표 달성 능력이 약해진다.

3 목표 달성 장애물 리스트를 만들어라. 장애물을 미리 알아 놓으면 장애 발생 자체를 예방할 수 있다.

4 목표 달성에 도움이 될 사람들의 리스트를 만들어라. 사람들은 기꺼이 도와줄 것이다.

5 목표 달성에 필요한 기술과 지식 리스트를 만들어라. 당신은 이미 이 기술과 지식을 다 갖고 있는가? 아니면 획득해야 하는가? 어떻게 습득할지 그 계획을 만들어라.

6 각각의 목표에 실천 계획을 만들어라. (그리고 기록하라). 구체적이고 자세할수록 달성 가능성이 높다.

7 목표 달성 혜택 리스트를 만들어라. 내가 이 목표를 달성한 뒤에 얻게 되는 혜택은? 인센티브는? 내 인센티브가 목표 달성을 보장할 만큼 강력한가?

7.5 매일 실천하라. 목표 달성을 위해 매일 10~15분 정도만 할애하면 된다. 자신과의 약속을 하라. 그리고 매일 매일 이를 지키면서 살아라.

이제 목표 달성은 당신 자신에게 달려 있다. 스스로에게 하는 말, 미래를 그려 보는 것, 의지가 목표 달성 과정에서 90%를 차지한다.

목표 달성의 가장 큰 비결은 바로 일일 분량 즉 하루에 얼마만큼 할 수 있는가를 알아내는 것이다.

단기간 내에 매일 매일 그 목표를 달성하는 데 필요한 양이 얼만지를 결정하라. 당신이 측정할 수 있을 만큼. 당신이 해낼 수 있을 만큼.

매일 얼마를 저금할지, 얼마를 쓸지, 전화를 몇 통화 할지, 거래로 얼마를 벌지, 이처럼 하루의 목표량을 정하고 달성하라.

마침내 목표를 달성한다. 이제 당신은 마법의 단어를 말할 수 있다.

크게 외쳐라. 소리 질러라. 해냈다!

(긍정적으로 외치면 기분이 좋아진다.)

레드 비트 정보 새로운 모범(또는 기준)이 되는 목적 달성법에 도움이 되는 클리프노트에 대해 알고 싶은가? www.gitomer.com에 가서 등록하고 레드 비트 Red Bit 박스에 CLIFF SNOTES라고 친다.

어떻게 하면 날마다 최선을 다할 수 있지?

다음과 같은 몇 가지 간단한 규칙이 있다.

1 일찍 일어나라. 일찍 일어나는 새가 먹이를 먹지 않는다. 일찍 일어나는 새는 돈을 번다. 다른 사람들이 자는 시간에 일하라.

2 자신의 일을 사랑하라. 그렇지 않다면 결코 1인자가 될 수 없다. 사랑하라. 그렇지 않다면 그만두라.

3 평생 동안 배움을 게을리하지 말라. 작년에 책을 몇 권 읽었는가?

4 화를 굳센 의지의 원동력으로 전환하라. 화야말로 지구상에서 가장 큰 에너지 낭비다. 화는 긍정적인 사고를 막는다. 화는 독창적인 생각도 막아 버린다.

5 장애물을 돌파구로 활용하라. 장애물은 '반대' 혹은 '거절'의 의미로 다가온다. 그러나 성공할 때까지 장애물과 분투하라. 장애물을 이기면 개인적으로 정신적 우위를 점하게 될 것이다.

6 '안 돼!'라는 모든 말은 '아직은 안 돼!'라는 말로 생각하라. 물론 당신의 귀에 그렇게 들리지는 않을 것이다. 마음으로 그렇게 들으면 된다. 다른 사람의 말을 받아들이는 방식이 당신의 운명을 결정지을 것이다. 긍정적인 수용의 자세를 가져라.

7 텔레비전은 되도록이면 보지 마라. 텔레비전을 보는 것으로는 결코 성공에 다가갈 수 없다. TV 시청 시간을 공부 시간으로 바꾸어라. TV 시청 시간을 준비 시간으로 바꾸어라. TV 시청 시간을 생각 시간

으로 바꾸어라. 당신의 시간을 써 버리지 말고 투자하라.

8 매일 아침 20분씩 독서하라. 독서를 하면 고요한 가운데 통찰력의 기회를 얻게 된다. 타인의 아이디어나 사고를 성찰함으로써 이를 즉시 당신만의 성공 공식으로 발전시킬 수 있다. 성공을 위해서는 독서가 최선이다. 돈을 벌고 싶다면 독서를 통해 성공으로 나아가라.

9 매일 아침 20분은 글을 써라. 무엇이든 당신이 쓰고 싶은 것. 당신의 생각이나 아이디어를 글로 쓰면서 정리하는 것부터 시작하라.

10 사랑하는 사람에게 전화하라. 그리고 사랑한다고 말하라. 사랑은 동기 부여가 아니라 영감 부여다. 최고가 되기 위해서는 동기를 넘어 영감을 가져야 한다.

10.5 스스로에게 자신이 최고라고 말하라. 내가 이 세상에서 최고다. 무하마드 알리(Muhammad Ali)는 이렇게 수천 번 말했다. 이제 수백만 명의 사람들이 그의 말에 동의한다. 알리는 이런 수백만 명의 동의를 끌어내는 첫걸음을 스스로를 설득하며 내디뎠다. 당신도 할 수 있다.

긍정적인 태도를 유지하는 방법은?

대부분은 스스로가 긍정적이라고 생각한다. 하지만 실상은 그렇지 않다. 대개는 긍정과는 거리가 멀다. 이는 사람들이 '태도'의 본질을 이해하지 못하고 있기 때문이다. 태도는 단순한 감정이 아니다. 태도는 스스로 만들어 낸 마음의 상태다. 스스로가 철저히 통제를 하고 있다. 자신이 자신의 태도를 결정할 수 있다.

당신에게 일어나는 일과는 무관하다. 돈이나 성공도 아니다. 이는 매우 순수하고 단순하다. 당신이 생각하는 대로 당신을 전념하게 만든다.

긍정적인 태도를 얻기 위한 평생의 (실천) 공식.

1 자신의 주변에 긍정적인 것과 긍정적인 사람을 두라.
2 긍정적인 책을 읽고, CD나 테이프를 들어라.
3 모든 것을 긍정적인 방식으로 말하라. 왜 안 되는지가 아니라 어떻게 할 수 있는지.
4 당신이 해낼 수 있다는 사실을 믿어라.
5 당신이 미쳤다고 말하는 사람들의 얘기에 귀 기울이지 말라. 그들은 단지 질투하는 것이다.
5.5 지금 시작해서 매일 그렇게 살아라. 간단한가? 그렇다. 하지만 노력이 필요하다.

긍정적인 태도를 위해서는 공부하고 스스로 규율을 잡는 연습이 필요하다. 그리고 그 본질을 매일 매일 실천하며 살아야 한다.

나는 그럼 어떻게 그 태도를 유지할까? 궁금한가? 나는 긍정적인 책을 매일 아침 두 페이지씩 읽는다. 나폴레온 힐(Napoleon Hill), 데일 카네기(Dale Carnegie), 노만 빈센트 필(Norman Vincent Peale). 그리고 지난 30년간 적어도 1개월에 한 번은 얼 나이팅게일(Earl Nightingale)의 《가장 낯선 비밀(The Strangest Secret)》이라는 오디오 북을 듣고 있다.

새출발하고 싶은가? 《기적을 만드는 작은 엔진(The Little Engine That Could)》을 다시 읽어 보라. 이 책은 단순한 아동 도서가 아니다. 이 책은 평생을 위한 철학을 담고 있다.

태도라는 것은 오랜 시간에 거쳐 서서히 자신에게 자신이 주는 것이다. 매일 매일이 태도가 만들어지는 과정이다. 그리고 남이 당신의 태도를 배울 수도 있다. 물론 그렇지 않을 수도 있다. 즉석에서 긍정을 원하지 말라. 단지 즉석에서 부정적인 태도를 보여 주는 것은 있을 수 있다.

선택은 당신의 몫이다!

긍정적인 태도는 자신이 스스로에게 줄 수 있는 축복이다. 당신이 이 진신을 발견하고 영원히 스스로에게 그런 축복을 주기를 진심으로 바란다.

유머 감각을 기르는 법은?

공부를 통해 시작할 수 있다. 유머 관련 책이 서점에 많다. 당신의 스타일과 맞는 책을 하나 골라라. 그런 다음 코미디 클럽이나 코미디 영화를 봐라. 유머를 배우고 이해를 향상시킬 수 있는 환경을 조성하라.

비결 : 단순히 웃었다고 배웠다고 생각하지 마라. 단지 즐기기만 하지 말고 열심히 메모도 하고, 진지하게 배워라.

비결 하나 더 : 유머는 감각이다. 종종 어떤 사람은 대단한 유머감이 있다고 당신은 말한다. 더 웃기고 유머러스해지기 위해서는 웃기는 상황을 감지할 수 있어야 한다. 경계를 늦추지 않고 있으면 언제 스스로를 희화화해야 할지 알게 될 것이다.

웃긴 사람들과 어울려라. 무엇이 사람들을 웃기게 만드는가? 대부분의 사람들은 누가, 무엇에 대해, 어떻게 말하는가라는 삼박자가 잘 어우러졌을 때 웃음이 터지지 않는가? 그들을 그대로 따라 하지는 말라. 그들의 자질을 관찰하고 당신의 스타일에 맞게 손을 봐라. 당신의 유머를 스스로 편안하게 생각하라. 그리고 자신만의 유머를 만들어라.

주의 : 다른 사람을 유머의 대상으로 삼지 마라. 누군가에 대해 농담을 하고 싶다면 그 대상은 자신으로 하라. 그리고 농담을 약간 변형해서 말하지 마라. 만일 상대가 그 농담을 이미 들었던 것이라면 당신은 바보가 될 뿐이다. 특히 당신이 변형이 어설플 때는 더욱 위험

하다.

웃긴 일이 생기면 당신의 반응은? 당신은 소리 내어 웃는가? 아니면 코웃음 치는가? 당신의 반응은 스스로 얼마나 웃긴 사람이 될 수 있는지를 가늠해 준다. 그 어떤 것도 웃기지 않다고 생각하는 사람도 있다. 개인적으로 내가 아는 사람 중에는 없다. 왜냐하면 나는 그런 사람들은 피하고 본다.

최종 답 : 유머 감각을 키우는 가장 쉬운 방법은 웃기게 생각하기다.

노트 : 난 고리타분하게 웃긴 것을 말하는 게 아니다. 웃긴 것을 말한다. 만일 당신이 유머를 중요시하면 유머가 습관이 될 것이다. 그리고 그 습관은 당신을 미소 짓게 하고 이 미소는 주변인들도 웃게 할 것이다. 즉 모든 것은 당신이 주변을 보는 관점에 달려 있다.

당신의 과제는
웃기는 일을 당신 삶의 일부로 만드는 것이다.

독창성을 향상시키는 방법은?

나의 독창성 연구에 기초를 제공해 준 두 명의 작가가 있다. 에드워드 드 보노(Edward de Bono), 마이클 미칼코(Michael Michalko)가 그들이다. 미칼코의 《씽커토이(Thinkertoys)》부터 살펴보면, 이 책은 독창성에 관한 책 중에 가장 쉽고 실용적이다. 그리고 여기서 좀 더 발전한 책이 드 보노의 《여섯 색깔 생각의 모자(Six Thinking Hats)》이다.

비결: 천천히 읽어라. 하루에 한두 페이지, 1주일에 한 챕터 정도. 그리고 새로운 개념이나 전략, 기술을 읽게 되면 직접 실천해 보라. 매일 매일 시도해 보라. 이를 통해 당신의 현실에 대한 이해를 심화시킬 수 있을 것이다. 실제로 적용하지 않는다면 책을 통한 배움은 무용지물이다.

당신이 보다 창의력을 갖추고 싶은 세일즈 분야의 기술(혹은 삶의 기술) 다섯 개를 정하라. 임의로 하는 고객 방문일 수도 있고, 보이스 메일이나 후속 조처일 수도 있다. 혹은 감사를 표하는 법일 수도 있다. 자식의 생일 선물 고르기도 될 수 있다. 책을 통해 배운 교훈을 이런 상황에 적용하면서 다양한 아이디어를 시도하라. 멍청해 보인다 한들 무슨 상관이랴.

시작은 멍청했으나 그 끝은 영리할 수 있다.

엑스레이 기계를 발명하려다가 텔레비전을 발명한 발명가에게 물어

보라. 처음에는 그도 멍청하게 보였을 것이다.

나는 어떻게 시도하는지 예를 들어 주겠다. 내 고객들은 거의 다 자식이나 손자 손녀가 있다. 너무 뻔한 와인이나 고급술 대신 독창적인 기념품을 선물하라. 내 경우에는 책을 선물한다. 단, 그 책은 수상 경력도 있고 저자 친필 사인이 된 것이다. 30달러도 들이지 않고 나는 상대의 뇌리에 깊이 남을 선물을 해 왔다.

마이클 미칼코의 스캠퍼(SCAMPER)라고 불리는 독창적인 개념의 원칙을 적용해 얻은 선물이다.

이제 당신 차례다.

레드 비트 정보 스캠퍼(SCAMPER)가 뭐냐고? www.gitomer.com에 가서 등록하고 Red Bit 박스에 SCAMPER라고 친다.

글 쓰는 능력을 향상시키는 방법은?

내 글쓰기의 스승은 아버지와 형이다.
다음은 글쓰기 능력 배양을 위한 몇 가지 가이드라인이다.

- 글쓰기를 향상시키려면,
- 좋은 작가의 글을 읽어라.
- 매일 글쓰기 연습을 하라.
- 하루가 지난 뒤에 자신이 쓴 글을 다시 읽어 보라.
- 글쓰기 전에 먼저 개요를 정리하라.
- 자신만의 표현법을 찾아라.
- 사실적인 내용이 중요하다는 것을 이해하라.
- 부사, 전치사구, 최상급의 사용은 피하라.
- 명료하게 쓰라. 나는 직설적이고 명료하게 쓰는 것을 선호한다.
- 작가의 관점을 활용하라. : 1인칭, 2인칭, 3인칭
- 시적 표현과 같은 예외를 활용하라. : 사투리를 써 보라.
- 강조할 때는 '아니다' 나 '원한다' 를 쓰라.
- 가끔은 문법에서 벗어나도 된다.
- 내 생각에, 중요한 것은 말하듯이 쓰는 것이다.
- 사전 조사를 통해 당신의 지식을 확인하고 자신의 견해를 제시하라.
- 단락은 짧게 유지하라.
- 특정한 표현을 반복해서 사용하라. 내 경우에는 "다음을 생각해

보라!"는 말을 자주 쓴다.
- 두꺼운 글씨체나 대문자로 포인트를 주고 단어를 강조하라.
- 초반에 관심을 끌어라. 그러기 위해서는 질문이나 단문으로 시작하라.
- 본론은 충실한 내용으로 채워라. 본론은 모두 충실한 내용이어야 한다.
- 독자가 웃고 생각하고 마침내는 실천하게 하라. 마무리는 인상 깊게.

핵심 비결 : 편집 시에는 입으로 소리 내어 글을 읽어 보라. 어떻게 읽히는가를 눈으로 보기만 하지 말고 어떻게 들리는가를 살펴라.

다음을 자문해 보라 : 효과는 어디서? 내용은 어디서? 포인트는 어디서? 관심을 끄는 것은 어디? 구미를 당기는가? 독자가 끝까지 읽고 싶을까? 글을 읽으면서 독자가 생각을 하게 만드는가? 독자가 실천을 하게 될까?

핵심 실마리 : 당신의 고객이나 장래의 고객을 위해 인쇄된 글을 마지막으로 쓴 게 언제인가? 아마도 '한 번도 없다.' 라고 답하는 사람이 대부분일 것이다. 만일 당신이 영업을 위해 잠재 구매자의 사무실에 갔는데 당신이 쓴 글이 실린 페이지가 펼쳐진 채 잡지가 책상 위에 놓여 있다면 정말 멋있지 않을까?

글쓰기야말로 실제적인 차이를 만드는 요소다. 나는 지난 14년 동안 글을 썼다. 글쓰기는 단순한 격차만 가져오는 것이 아니라 당신에게 고객의 마음을 얻는 데 필요한 신뢰를 가져다 준다.

회사에서 노트북도 사 주지 않는다면 어떻게 해야 할까?

회사 밖으로 나가라. 세상에서 가장 중요한 사람에게 투자하라. 바로 당신 자신!

최악의 시나리오는 당신이 노트북에 대해 주변 사람에게 투덜대는 것이다. 심지어 고객에게 가서 투정을 부릴 수도 있다. 그러면 당신은 불만이 많은 사람이 되고 결국에는 일을 그만두게 된다. 이직을 해도 계속 투덜댈 것이다. 왜냐고? 당신은 문제가 있어서 직장을 그만둔 게 아니라 하나의 증상 때문에 회사를 그만두었기 때문이다.

'내가 회사를 때려치운 것은 회사에서 노트북을 사 주지 않아서야.' 라고 생각할 수 있다. 그러나 현실은 당신 스스로에게 투자하지 않았다는 것이다. 그리고 이는 직장이 바뀌었다고 달라지지 않는다.

답: 당신의 성공은 당신의 책임이다. 세일즈에 필요한 도구도 마찬가지다. 컴퓨터 가게에 가서 스스로를 위해 하나 장만하라. 당신은 현재 돈을 갖고 있다. 나가서 세상에서 가장 중요한 사람, 바로 '당신'에게 투자하라. 이는 단순히 노트북에만 해당하는 것이 아니다. 회사가 당신에게 제공하지 않는 모든 것에 적용할 수 있다. 예를 들어 회사가 기름값을 주지 않는다고 치자. 그럼 길에 차를 버릴 텐가? 밥값은? 그럼 굶을 것인가?

그만 투덜대라. 그리고 승리를 위해 움직여라.

멘토 구하는 법
인맥 만드는 법

잠재적인 멘토가 될 사람에게 관심과 존경을 갖고 다가가라. 그러나 절대 서두르지는 마라. 멘토는 "제 멘토가 돼 주세요!" 하고 찾는 것이 아니라, 멘토의 존경을 얻음으로써 갖게 되는 것이다. 시간이 지나면 당신도 멘토를 갖게 될 것이다.

성공 과제 : 당신의 경력에 영향을 미칠 수 있는 사람들(가능한 사람들)의 리스트를 작성하라. 그들을 알 수 있는 방법을 찾아라. 그들이 당신을 알 수 있게 하는 방법을 찾아라. 그들의 성공의 결과가 당신의 성공에 영향을 미치는 방식을 찾아라.

멘토 관계 형성에 도움이 되는 가이드라인은 다음과 같다.

- **당신의 멘토를 현명하게 활용하라.** 지나치게 활용하거나 남용하지 마라.
- **멘토에게 경제적 요청을 하지 마라.** 그들은 선입견을 갖게 되고 당신은 멘토의 객관성을 잃게 된다.
- **당신의 멘토가 당신의 성장을 자랑스러워하게 하라.** 멘토가 당신을 도와주는 것을 즐겨야 한다. 그러나! 기회가 될 때마다 멘토에게 감사하고 공을 돌려야 한다. 그들의 충고를 따랐더니 효과가 있다는 것을 보여 주라. 이는 멘토를 감동시켜서 계속해서 당신의 멘토로 남게 할 것이다.

관계에 지속적으로 가치를 가져다 줌으로써 멘토와의 관계를 수년 간 이어 갈 수 있다. 목표를 공유하라. 그들의 충고, 의견, 경험을 듣기 위해 노력하라. 성공을 공유하라. 그들의 성공 스토리를 듣고 싶다고 요청하라. 실패도 공유하되 실패에 대해 투덜대지 마라. 실패에 대해 말하고 충고를 청하라. 당신의 의도를 말하라. 그리고 실천하라.

개인적 노트 : 내 성장과 성공에 멘토의 지혜는 없어서는 안 될 필수 요소다. 아버지를 포함해서 내게는 다섯 분의 멘토가 있다. 이 가운데 세 분은 살아 계신다. 그들의 지혜는 내가 가장 필요할 때 나를 이끌어 주고, 정신적으로 북돋워 주기도 했으며, 경고가 되기도 했고, 때로는 정신이 번쩍 들게 하기도 한다.

맞는 말을 듣는 게 가끔은 힘들 때도 있다. 또 가끔은 위안이 되기도 한다.

나는 글로 표현할 수 없을 만큼 내 멘토에게 빚을 졌다. 그리고 그들도 이를 잘 안다. 나도 내가 진 이 크나큰 빚에 대해 멘토에게 말한다. 무엇보다 중요한 것은 그들의 지혜, 철학, 충고를 실천에 옮김으로써 눈앞에서 보여 주는 것이다.

최고의 위치에 있는 멘토를 찾아라. 도움을 받고 싶다면 이미 그 전투에서 승리한 사람에게 도움을 구하라.

멘토의 경험, 성패로 얻은 지혜, 당장은 감정적으로 힘들 수도 있는 실용적인 충고, 당신의 눈에는 보이지 않는 생각이나 개념 등은 당신을 도와줄 수 있다.

레드 비트 정보 멘토의 가치에 대해 좀더 알고 싶은가? www.gitomer.com에 가서 등록하고 Red Bit 박스에 MANTOR VALUE라고 친다.

실패를 두려워하는 이유 & 거절로 인한 낙담을 극복하는 방법 ⑩

실패나 거절에 대한 공포는 다른 여타 공포와 마찬가지로 절대적으로 마음먹기에 달려 있다. 그러나 당신의 과거 경험에 기인한 것일 수도 있다. 당신은 과거에 실패한 적이 있을 수도 있다. 과거에 거절을 많이 당한 적이 있을 수도 있다. 가정환경이 어려울 수도, 개인적인 상황이 어려울 수도 있고, 당신이 한때 가졌던 자신감이나 자존감을 상실했을 수도 있다. 심지어 당신은 자신이 실패할 것을 '기대'하고 있을 수도 있다.

부정적인 감정을 긍정적인 감정으로 대체하라. 다음은 부정적인 감정과 이에 상응하는 긍정적인 대체물이다.

부정 :
1 공포감 **2** 긴장감 **3** 거절감 **4** 미루거나 꺼리는 감 **5** 정당화나 합리화의 감 **6** 자기를 의심하는 감 **7** 확신할 수 없는 감 **8** 운명주의적인 감 **9** '나는 재수가 없다.'는 감.

긍정 :
1 자신감 **2** 긍정적인 기대감 **3** 의지감 **4** 성취감 **5** 승리감 **6** 성공감 **7** '나는 확신한다.'는 감 **8** '화창한 날씨야.' 하는 감 **9** '운이 좋다.'는 감

최종 답 : 승리 vs 패배, 성공 vs 실패, 수용 vs 거절. 어떤 상황에 처해 있든지 당신이 해야 할 일은 과거의 성공에 대해 생각하고 또 생각하는 것이다. 당신도 승리할 수 있다는 생각을 하라. 왜냐하면 이미 승리를 맛본 적이 있으니깐.

걱정 없이 사는 법

답을 원하는가? 그렇다면 답을 주겠다. 모든 답은 한 사람의 철학에서 기인한다. 자, 계속 읽어 나가라.

땀. 조깅. 운동. 샤워. 육체적인 운동 뒤의 휴식은 마음을 차분하게 해 준다. 긍정적인 생각, 창의적인 아이디어가 샘솟을 것이다.

휴식. 걷기. 두 블록 정도를 걸으면 마음이 상쾌해지고 답이 자연스레 떠오를 것이다. 재미있고 오래된 영화나 TV 드라마를 보라. 한 시간 정도 그냥 늘어져 있어라. 당신의 머릿속이 상쾌한 공기와 유머로 청소될 것이다.

찾기. 걱정은 증상이지 문제가 아니다. 원인을 규명하라. 걱정을 없애기 전에 근원을 찾아야 한다. 원인을 보고 당신은 놀랄 수도 있다.

계획. 당신을 걱정하게 하는 것이 무엇인지 일단 찾았으면 걱정을 성공을 위한 실천 계획으로 탈바꿈시켜라. 각각의 항목별 계획을 짜서 기록하라. 걱정을 보는 관점을 바꾸어라. 더 나은 태도를 가져라. 아니면 그냥 그 걱정을 피하라. 다른 사람에게 도움을 청하는 것을 두려워하거나 겸연쩍어 하지 마라. 기꺼이 도와줄 것이다. (그리고 당신을 도우면서 그들은 스스로를 돕게 될 것이다.)

독서. 독서를 통해 마음을 안정시키는 비타민을 얻을 것이다. 독서는 텔레비전을 끌 수 있게끔 한다. 스트레스 및 걱정과 관련된 책 가운데 최고의 책은 50년 전에 출간된 데일 카네기의 《자기 관리론(How to Stop Worrying and Start Living)》이다.

실천. 걱정 때문에 움직이지 말고 걱정을 해결하기 위해 움직여라. 걱정에 대해 긍정적인 반응을 만들어라. 1959년부터 내 책상 선반에는 만화잡지 《매드(MAD)》의 마스코트인 알프레드 R. 뉴먼의 도자기 흉상이 하나 있다. 거기에는 그의 명언이 새겨져 있다. '뭐? 내가 걱정한다고?' 내가 깨닫기 훨씬 더 오래 전부터 이 명언은 내 생활 신조였다. 또한 이 말은 세일즈 성공에 있어서도 잘 알려져 있지 않는 비밀 가운데 하나다. (혹은 세일즈 실패의 원인이기도 하다.)

미소. 미소는 전염성이 있다. 미소는 내적·외적으로 좋은 분위기를 만든다. 세일즈 시 미소는 필수 요소다. 당신이 늘 미소를 짓고, 한 달 30일 동안 미소를 지으면, 이제 미소도 습관이 될 것이다.

걱정의 원인을 살펴보라. 세일즈 성과가 낮아서만 걱정하는 것은 아닐 것이다. 모든 원인을 담은 리스트를 만들어라. 하나의 콘센트에 5~6개의 플러그를 꽂으면 전기가 나간다. 당신도 다를 바 없다. 실제적인 원인을 규명하고 그중 몇 개만 일상에서 제거해 보라.

성공 전술 : 실천 뒤에도 여전히 걱정 그만! 이라고 의도적으로 생각해야 한다. 실천 방법은 바로 미소를 지으며 걱정을 날려 버리는 것이다. 당신의 미소는 부정적인 것을 긍정적으로 바꿀 수 있는 힘뿐만 아니라 걱정을 당신에게서 뺑 차 버릴 수도 있다.

최종 노트 : 스트레스나 걱정이 다른 사람의 잘못이 아니라는 것을 반드시 인식해야만 한다. 걱정은 자초한 것이다. 걱정과 스트레스를 통해 당신이 얻을 수 있는 유일한 것은 심장마비다. 그러니 걱정을 하지 않는 것이 당신에게 훨씬 더 유익하고 더 재미있다.

서재에 있어야 할
긍정적인 내용의 책과 CD는?

내가 추천하는 책을 당신이 소장하기를 권하는 이유는 책을 읽은 뒤에도 계속해서 참고할 수 있기 때문이다. 아래 책들은 당신의 단순한 서재를 만드는 게 아니라 당신의 참고 서재를 만들어 줄 것이다.

내가 가장 좋아하는 책 중에서 몇 권

데일 카네기의 《인간관리론(How to Win Friends and Influence People)》

데일 카네기의 《자기관리론(How to Stop Worrying and Start Living)》

나폴레옹 힐의 《생각하라 부자가 되리라(Think and Grow Rich)》

러셀 콘웰(Russell Conwell)의 《나의 다이아몬드는 어디에(Acres of Diamonds)》

맥스웰 몰츠(Maxwell Maltz)의 《성공의 법칙(Psycho Cybernetics)》

데이비드 슈왈츠(David Schwartz)의 《리더의 자기 암시법(Magic of Thinking Big)》

절판되어 구하기 힘든 책 중에서

나폴레옹 힐의 《살면서 자신을 더욱 매력적이게 만드는 방법(How TO Sell Your Way Through Life)》

오리슨 스웨트 마든(Orison Swett Mardn)의 《성공과 개인적 효율성의 비결(Keys to Success and Personal Efficiency)》

마든의 《할 수 있다고 믿는 사람(He Can Who Thinks He Can)》
마든의 《셀링 씽즈(Selling Things)》
바넘(P.T. Barnum)의 《자서전(Autobiography of P.T. Barnum)》
엘머 레터만(Elmer Leterman)의 《셀링의 신기술(The New Art of Selling)》

내가 가장 좋아하는 CD :
짐 론(Jim Rohn)의 《특별한 삶의 기술(The Art of Exceptional Living)》
나폴레온 힐과 크레멘트 스톤(W. Clement Stone)의 《긍정적인 사고방식을 통한 성공 비결(Success Through a Positive Mental Attitude)》
얼 나이팅게일의 《가장 기묘한 비밀(The strangest Secret)》
얼 나이팅게일의 《리드 더 필드(Lead the Field)》

최종 노트 : 당신만의 성공 서재를 만들고 책을 읽기 시작하면 당신은 스스로 교육하고 자기 계발을 할 수 있을 것이다. 찰리 트레맨더스 존스(Charlie Tremendous Jones)는 "현재의 당신과 1년 뒤의 당신의 차이를 만드는 것은 당신이 읽는 책과 만나는 사람에 달려 있다."라고 했다.

당신이 할 일은
맞는 사람을 만나고 올바른 책을 읽는 것이다.

하비 맥케이(Harvey Mackay)는 다음과 같이 말했다. "책을 읽는 데 그치지 말고 그 책을 공부하라. 내가 제안한 책들은 모두 공부해 볼 만한 가치가 있다."

나 이직할까?

만약 당신이 이 질문을 내게 한다면 답은 "아마도……"일 것이다. 당신이 이직을 고려한다면 다음의 6.5가지 중에 뭔가가 잘못되어 있다.

1 자신의 회사를 믿지 못한다.
2 자신의 제품을 믿지 못한다.
3 경쟁사 제품이 더 낫다고 생각한다.
4 동료를 좋아하지 않는다.
5 상사를 좋아하지 않는다.
6 충분한 실적을 내지 못한다.
6.5 누구도 좋아하지 않고 무엇도 좋아하지 않는다. 당신은 화가 났다.

지금 나는 세일즈와 관련한 글을 쓰고 있지만 이는 모든 분야에 다 적용된다. 만일 이직을 고려하고 있다면 당신은 이미 내린 결정에 대한 단순한 정당화의 과정을 겪고 있다. '더 이상 사랑하지 않는다.'는 결론은 이제 내렸지만 마음은 떠난 지 이미 오래다.

사람들은 항상 직장을 바꾼다. 이직 자체는 잘못된 것이 아니다. 다만 당신이 이직하게 되는 곳에 대한 충분한 고려나 왜 이직을 해야 하는지에 대한 깊은 성찰이 없다면 그것은 문제다.

"나 이직할까?"에 대한 짧은 답은 다음과 같다.

현재의 자리에서 최고가 되라.
그런 다음에 더 나은 곳으로 가라.

만일 불평불만이 있는 채로 회사를 그만둔다면 당신은 다른 곳에서도 불평을 할 가능성이 매우 높다. 당신이 승리자가 돼서 회사를 그만둔다면 다른 곳에서도 승리자가 될 가능성이 높다.

왜 이직을 고려하는지 시간을 두고 조사해 보라. (중요하든 사소하든 상관없이) 이유 리스트를 작성하라. 단순히 사무실 조건이 마음에 들지 않은 이유일 수도 있지만 회사가 당신을 지원하지 않아서일 수도 있다. 내 경우에는 이유가 단 하나인 적은 없었다. 여러 가지가 복합적으로 얽혀 있었다. (회사는 짜게 굴고, 고객은 불만이 있고, 상사는 나쁜 놈이고, 나는 인정받지 못하고, 월급도 쥐꼬리만 하다.)

또 다른 주의할 점은 : 당신이 사랑하는 일을 하기 위해 시간을 들여 세세한 계획을 만들어라. 사람들이 일을 그만두는 이유는 더 이상 일을 사랑하지 않기 때문이다. 생각해 보라. 자신이 사랑하지 않는 일을 또 다른 곳에서 매일 8~9시간 하겠는가? 그건 미친 짓이다.

아마 여러분 중 일부는 이렇게 생각하고 있을 것이다. "제프리, 당신은 이해를 못하는군요. 나는 이 직업으로 돈을 많이 벌어요. 주택 담보 대출도 갚아야 하고, 가족도 생각해야 돼요." 이해한다. 당신이 미칠 그날까지 그냥 묵묵히 계속 그 일을 하라.

만약 이직해야 한다면 성공적인 경력, 계획을 갖고 당신이 사랑하는 일을 향해 하라.

경쟁 금지 조항에
서명해야 할까요?

아니. 하지 않아도 된다. 그러나 하도록 압력을 받을 것이다.
특히 신입의 경우 모든 사람이 다 서명할 경우 당신이 할 수 있는 선택이라고는 서명하든가 아니면 여기서 일하지 말든가일 것이다.
만일 경쟁 금지 조항에 서명을 해야 된다면, 나라면 매우 신중하고 조심할 것이다. 계약 조항 중 일부는 시행 가능하고, 일부는 그렇지 않다. 일부 회사는 단지 억제의 목적으로 조항을 계약서에 포함시키지만 일부는 실제로 시행하기도 한다.
만약에 변호사가 있다면 당신의 계약서를 작성할 수 있다. 나라면 그렇게 하겠다. 결국에는 회사는 법무부서에서 계약서를 준비하고 당신도 변호사가 있다면 계약서 검토를 요청하는 것이 좋을 것이다.

주의 : 만일 고용 중에 경쟁 금지 조항 서명을 요청 받으면 하지 말라. 나는 변호사가 아니므로 법적인 자문은 할 수 없다. 하지만 만일 회사가 갑자기 경쟁 금지 조항을 내밀었다면, 특히 이미 그 회사에서 일한 지 몇 개월 혹은 몇 년이 되었는데 그런다면, 뭔가가 단단히 잘못된 것이다.

조항의 목적은 고용주와 세일즈맨이 서로를 더
이해하고 존경하기 위해서이며, 결과는 양측이 모든
바라는 것 즉 더 많은 실적이다.

내가 생각할 때 모두에게 공평한 답이 있다. 만일 세일즈맨이 어떤 이유에서든 퇴직을 할 경우 다음을 요청해야 한다.

1 세일즈맨은 내부 거래 기밀을 논의하거나 회사 전략을 누설하지 않는다.

2 모든 문서, 컴퓨터에 저장된 자료, 회사에 귀속된 모든 것, 상품이나 고객을 갖고 떠나지 않는다.

3 이미 회사에 속해 있는 기존고객이나 곧 고객이 될 고객에게는 접근하지 않는다. (특히 해당 세일즈맨이 그 고객 확보 노력을 한 경우.)

고용주나 세일즈맨 모두가 보호될 수 있는 방안을 찾고 관계 초기부터 상호 존중을 하길 바란다. 그래야만 결과물이 초기 기대치 수준으로 나올 것이다. 만일 세일즈맨이 회사와의 관계 형성에 맨 처음 하는 일이 '나는 당신을 믿을 수 없다.' 라는 조항에 서명하는 것이라면 고용주는 결코 그들이 원하는 영원한 충성을 얻을 수 없을 것이다.

최종 답 : 만일 경쟁 금지 조항이 모두에게 공정하다면 물론 공정할 수 있다. 그렇다면 서명해야 한다. 이를 통해 양측은 고용 중 그리고 뒤에 일어나는 상황에 대한 총체적인 이해를 할 수 있다. 여기서 핵심은 조항이 모두에게 공정해야 한다는 것이다.

레드 비트 정보 경쟁 금지 조항에 서명하는 것에 대해 좀더 알고 싶다면 www.gitomer.com에 가서 등록하고 Red Bit 박스에 NON-COMPETE라고 친다.

PART 2
절호의 기회를 간파하고 내실 있는 약속 잡기

임의방문하는 방법은?

두 종류의 임의방문이 있다. 전화방문과 직접방문이 그것이다.
전화방문 시 비서나 음성 사서함을 거쳐야만 한다. 그런 다음 당신은 "안녕하십니까? 제 이름은 제프리입니다. 존스 씨와 이야기하고 싶은데요. 개인적인 비즈니스입니다."라고 말하면 된다.
그리고 존스 씨와 연결이 되면 이름을 말하고 관심을 끌 수 있는 질문을 시작한다. 휴대폰을 판다면 이렇게 말할 수 있다. "휴대폰을 사용할 때 가장 덜 사용하면서도 돈을 벌 수 있는 세 가지 방법을 아십니까?"
임의방문의 목적은 '고객의 관심을 끄는 것'에 있지 '거래를 체결하는 데' 있는 것이 아니다.

임의방문의 목적은 약속을 잡는 것이다.

잠재 고객이 당신의 질문에 답을 한 뒤 (혹은 당신이 답을 알려 준 뒤) 당신은 "휴대폰과 관련해서 역시 중요하지만 잘 알려지지 않은 또 다른 돈 버는 방법을 알고 있는데, 잠시 만나서 소개해도 될까요? 도움이 되실 겁니다."라고 말한다.
점차 진화하는 보안 시스템 때문에 날이 갈수록 임의방문을 직접 하는 것이 어려워지고 있다. 대기업 임의방문은 건물 안으로 들어가는 것부터 거의 불가능할 것이다. (거짓말을 하지 않고서 말이다.) 보다 작은 회사를 방문할 때는 두 가지 가운데 하나를 선택해야 한다. 아예 솔직하거나 혹은 매우 교묘하거나. 솔직한 접근은 "컴퓨터 수익성을 관리하는 분과 면담을 하고 싶은데요."일 것이고, 교묘한 방식은 "컴퓨터 운영 부문의 사기 진작과 관련해서 긴히 드릴 말씀이 있습니다. 매우 중요한 문제입니다. 담당자를 만나고 싶습니다."

방금 문장의 핵심은 실제로 담당자가 있을 수 없는 부문에 대한 담당자와의 면담을 요청했다는 것이다. 누가 담당자인지 정의하기가 어려운 사람을 요청할수록 높은 사람이나 중요한 인물과 만날 가능성이 높다. 왜냐하면 보안 담당자(수위)가 무슨 답을 해야 할지 모르지만 높은 사람에게 바로 직통 연락을 할 수 있으므로 그들의 사무실로 곧장 연락을 취할 것이기 때문이다.

최종 답 : 재차 강조하는데 임의방문의 핵심은 관심 끌기다. 그리고 운 좋게도 높은 사람과의 면담이 이루어질 경우 당신은 반드시 기가 막히게 좋은 질문을 해야 한다.

> 성공적인 임의방문의 가장 큰 비결이 뭐냐고 묻는다면
> 나는 '준비' 라고 대답할 것이다. 만일 준비를
> 잘못한다면 두 음절로 요약해서 말해 주겠다.
> 열 쥬! (열심히 준비하라.)

임의방문 없이도 고객과 미팅 약속을 할 수 있는 방법은?

임의방문을 좋아하는 사람은 없다. 방문을 하는 세일즈맨은 말할 것도 없고 방문을 받는 잠재고객도 마찬가지다. 임의방문이 세일즈 기술이기는 하지만 최선의 기술은 아니다. 게다가 날이 갈수록 임의방문은 어려워지고 있다.

다음은 전문적으로 일반적인 임의방문을 중단하고도 약속을 잡는 법이다. 각각의 방법에 깔려 있는 기본 원리는 간단하다. **당신의 말에 동의할 사람 앞에 서서 가치를 먼저 전달하라.** 상대가 설명을 듣고 당신에게 연락할 수 있을 만큼 가치가 강력해야 한다.

1 글을 써라. 당신의 핵심 잠재고객과 기존고객이 읽게 될 글.

2 토크 쇼에 나가라. 다른 수가 없다면 당신이 직접 연락하지만, 쇼가 당신을 섭외하게 만드는 것이 더 바람직하다.

3 연설을 하라. 유관 협회 회의나 박람회에서 연설하라.

4 매주 메일 매거진(e-idea)을 보내라. 고객과 잠재고객과 업계에서 영향력 있는 사람들에게.

5 무료 세미나를 개최하라. 주제는 어필할 수 있게, 내용은 역동적이게 구성하라.

6 비즈니스 행사에서 인맥을 만들어라. 결정을 내리는 중요한 사람들의 시야에 들어라. 고객과의 개인적인 친분도 쌓아라.

6.5 당신을 사랑하는 사람으로부터 소개장을 받아라. 추천 대 임의방

문의 세일즈 승률은 100:1이다.

그러나 궁금해하는 독자를 위해 다음은 용인할 수 있는 임의방문의 예다.

- 세일즈 방문 뒤 근처의 회사나 사무실 한두 곳을 들러라. **최선의 방법**은 혼자 가지 말고 기존고객과 함께 가서 그가 당신을 소개할 수 있도록 하라.
- 마음 끌기나 새로운 세일즈 아이디어를 실천하기 위해 하루에 몇 번의 너무 거창하지 않은 방문을 하라. 임의방문을 일종의 훈련이라고 생각하라. 임의방문은 세일즈를 하는 데는 형편없는 방식이지만 세일즈 테크닉을 익히는 데는 훌륭하다.
- 과거에 성공한 적이 있는 특정한 사업 분야나 현재 뜨는 분야에 방문하라. 만일 다른 사람이 구매를 하고 있다면 마음 끌기도 쉬울 것이다. 추천서도 함께 가져가라.

최종 답 : 임의방문의 비밀은 당신이 누구를 아는가가 아니라 누가 당신을 아는가다. 상대가 당신을 알고 있다면 당신을 초대할 것이다. 만일 당신을 모른다면 당신은 참 갈 길이 멀다. 가장 어려운 부분은 당신을 알리는 것이다. 그러나 결코 불가능한 일은 아니다.

자, 당신을 더 알려라. 당신이 몸담은 업계에서 인정을 받아라. 당장 한 단계 업그레이드된 마케팅 프로그램을 개발에 착수하라. 만일 이 모든 것을 다 이루어 내면 미래의 고객이 당신을 찾을 것이다. 그러면 이제 당신은 이제 떴다.

회사의 하위직을 피하는 방법은?

명백한 답 : 처음부터 아예 가지 마라.

가능한 한 높은 계급부터 상대하면, 실제 의사 결정자에게 도달하는 것에 더 쉬워진다. 세일즈맨이 사원 레벨의 사람들에게 접근하는 유일한 이유는 접근이 쉽다는 이유다. 그런데 자세히 보면, 이런 출발은 오히려 모든 세일즈 과정을 오히려 더 복잡하게 만들 뿐이다.

우수한 답 : 이미 하위직에 접근하는 실수를 했는가. 그렇다면 그 사람에게 이렇게 말해 보라. "당신과 빌(혹은 당신의 보스)에게 묻고 싶은 질문이 좀 있는데, 혹시 며칠 내로 미팅을 주선해 줄 수 있을까요?"

훌륭한 답 : 하위직을 우회하는 가장 쉬운 방법은 세일즈 과정에 '포함'시키는 것이다. 즉 자신이 내부 집단에 들어왔다는 느낌을 갖게 만듦으로써 입지가 위협받는다는 느낌을 떨칠 수 있게 하는 것이다.

최악의 시나리오 : 바로 그 하위직 직원이 당신과 더 높은 직위의 사람과의 만남을 가로막고 있다. 이런 상황은 종종 우유부단하며 매우 정치적인 기업 환경에서 발생한다. 다시 말해, 당신이 접근한 멍청이 말단은 자신의 회사를 위해 최선의 행동을 취하는 것을 거부하고 있다. 대신 손바닥만 한 자신의 정치적 입지를 사수하기 위해 고군분투하고 있다.

1등 답 : (이자 나의 권고) 높은 직책에 있는 사람에게 그에 걸맞은 수

준의 정보를 갖고 접근하라. 하위직에게 제안한 정보만 갖고는 높은 직책의 사람에게 접근할 수 없다.

백서가 필요할 것이다. 고객 회사의 생산성과 수익성을 증대시킬 수 있는 아이디어로 가득 찬 것이어야 한다. 최근에 당신이 해당 업계 전문지에 기고한 글을 갖고 가야 한다. 중요한 정보가 있어야 한다. 하위직급에서는 그 정보의 가치를 눈치 채지 못하겠지만, 고위직들은 그 가치를 알 것이다.

고위직의 목표는 기업의 수익인 반면 하위직은 개인적인 저축이다.

중요한 노트 : 그렇다고 하위직을 배신하지는 말라(물론 정말 달려오는 버스로 밀어 버리고 욕구가 간절할 때도 있겠지만). 그냥 아주 중요한 정보가 있는데 당신의 상관에게 직접 전달하고 싶다고 말하라. 그리고 그의 상관과 만나면 가능한 한 빨리 거래를 매듭지어라. 왜냐하면 내가 장담할 수 있는데, 그 하위직은 모든 수단을 강구해서 당신을 방해하려 들 것이기 때문이다.

잠재고객에게 정보를 주는 최선의 방법은?

답 그들의 비즈니스를 키울 수 있는 아이디어를 가져가라.

무슨 답을 기대했는가? 당신이 쓴 논문을 가져가서 고객의 시간을 낭비하는 법을 말해 줄 것이라고 기대했는가?

세일즈 공 : 만약 안내 책자를 보낼 요량이라면 휴지통에 담아서 보내라. 그렇게라도 해서 고객의 시간을 아낄 수 있게. 단, 휴지통에 당신 회사의 로고가 선명하게 찍혀 있도록 하라.

그리고 고객에게 쓴 메모를 첨부하라. 그 메모에는 "어차피 쓰레기통에 버리실 것 같아서 제가 대신 했습니다. 그러면 시간도 절약되실 것 같고. 그리고 모든 사람들에게 다 공평하게 대해 주시길 바랍니다. 제 경쟁사의 안내 책자도 오면 곧장 여기 이 휴지통에 버려 주시기 바랍니다."

"제가 자신 있게 말씀드리는데 고객님이 버리고 싶지 않을 아이디어가 저한테 몇 가지 있습니다. 그래서 부탁드리는데 15~20분 정도 시간을 내 주실 수 있을까요? 그 아이디어에 관해 말씀을 드리고 싶습니다."

> 잠재고객에게 정보를 주는 최선의 방법은
> 일단 정보가 그의 사무실에 들어갔다면 정보를 읽지
> 않고는 배기지 못하도록 만들어야 한다.

게이트키퍼를 통과하는 최선의 방법은?

세일즈를 하기 위해서는 회사 안으로 들어가야만 한다. 그리고 의사 결정자를 찾아야만 한다. 그러나 그 전에 반드시 해야 하는 일이 있다. 바로 게이트키퍼(gatekeeper)를 통과하는 일이다. 이 과정이야말로 세일즈에서 가장 넘기 힘든 장애물 가운데 하나다. 그 이유는 세일즈맨들은 자신들이 게이트키퍼보다 더 똑똑하다고 믿기 때문이다. 그러나 대개 상황은 오히려 그 반대다.

게이트키퍼는 이 세상에서 통용되는 모든 세일즈 대사는 이미 이골이 나게 들었다. 그리고 세일즈맨이 문을 열기도 전에 이미 세일즈맨을 감지해 낸다. 뿐만 아니라 당신이 얼마나 심각한지도 단번에 간파하며, 결코 자신을 무시하는 태도나 성급하게 아는 체하는 태도를 용납하지 않는다.

내가 이런 걸 어떻게 아느냐고? 세일즈를 막 시작했을 때, 뿌린 만큼 거둔다고 여러 게이트키퍼들과의 무수한 접촉을 통해 직접 체득한 것이다.

게이트키퍼를 통과하는 10.5가지 아이디어다.

1 이름을 알아라. 방문 전 의사 결정자의 이름을 알아라.

2 그 어떠한 질문에도 답할 만반의 채비를 하라. "이게 뭐에 대한 것인가요?"라고 질문을 받을 때 답을 할 수 있어야 한다. 내가 사용한 표

준 답은 "사적인 비즈니스 관련 일입니다."이다.

3 친절한 사람이 되어라.

4 도움을 요청하라. (언제가 가장 좋은 시간인가요? 당신의 보스가 주로…….)

5 진지한 사람이 되어라.

6 진부한 세일즈 테크닉을 사용하지 마라.

7 가능하다면 진실을 말하라.

8 방문을 해야만 하는 정말 그럴 듯한 이유가 있어야 한다. 단순히 세일즈의 목적을 넘어서야 한다.

9 이메일로 인사를 먼저 하라. 그리고 전화를 하라. (필요하다. 물론 약간 어려울 수도 있는데, 왜냐하면 이메일 주소를 모르기 때문이다. 그러나 누군가에게 물어볼 수 있다. 아니면 팩스를 보내도 된다.)

10 독창적이어야 한다. 당신의 글 속에 뭔가 참신한 것이 있어야 한다. 그래서 "와! 이 사람 대단한데."라고 게이트키퍼가 느낄 수 있어야 한다. 그렇지 않으면 당신은 게이트키퍼의 속이 뻔히 보이는 변명을 들으며 돌아설 수밖에 없다. (회의 중이십니다. 약속 없이는 만나지 않으십니다.) 당신이 많이 들어 봤던 그런 변명 말이다.

10.5 이미 다 들어 본 것이다. 지금 당신이 시도할까 하고 골몰하는 모든 것을 이미 그들은 다 해 본 것이다. 어떠한 대사를 고민하든 간에 게이트키퍼는 눈치 채고 당신을 마치 3일이나 묵은 냄새 나는 물고기 갖다 버리듯 할 것이다.

보스들은 종종 당신에 대해 게이트키퍼에게 물어볼 것이다. 그리고 그들의 의견이 당신의 운명을 결정할 것이다.

최종 답 : 게이트키퍼를 우회하려면 긍정적인 경험이 필요하다. 만일 긍정적이지 않다면 적어도 게이트키퍼가 다음처럼 말할 수 있게는 만들어야 한다. "사장님, 3번에 무슨 세일즈 한다는 사람이 연결되어 있습니다."

세일즈 약속 전에 잠재고객에 대한 정보를 얻는 최선의 방법은?

가장 빨리, 정확하게 고객에 대한 정보를 얻는 채널은 인터넷이다.

1 해당 고객의 웹사이트를 방문하라. 나중에 활용을 위해 중요한 페이지는 출력하라. 읽어라. 메모를 만들어라.

2 구글을 하라. 해당 회사의 상호를 구글하라. 구글(혹은 dogpile.com)을 사용하면 해당 기업에 대한 언론의 정보를 찾을 것이다.

3 비즈니스 저널(Business Journal)의 아카이브를 방문할 수도 있다. (www.bizjournals.com) 회사 이름을 찾아보라.

4 당신이 만날 사람의 이름을 검색해 보라. 아무것도 검색이 안 되면 부모님의 이름을 검색하라. 아무것도 뜨지 않는가? 그럼 다시 회사 웹사이트로 가서 그 사람의 보스의 이름을 알아내라. 결국에는 당신이 만나야 할 사람이기 때문이다. 그리고 조사를 하라. 그들의 약력이 있는 페이지를 출력하라. 그들이 쓴 논문은 모두 읽고 노트를 하라. 그리고 관련된 질문을 작성하라. 당신이 관련된 정보를 찾아보고 출력하는 수고를 했다는 것을 고객이 알게 되면, 당신에 대한 신뢰가 1,000%는 상승할 것이다.

만나는 즉시 당신에게 관심을 보일 것이다. 왜냐하면 당신이 이미 만남 전에 그들을 마음을 샀기 때문이다.

최종 답 :

당신이 알아야 할 고객에 관한 모든 정보는
고객 자신 혹은 다른 사람에 의해 이미 다 기록되어
있다. 그리고 인터넷에서 검색할 수 있다.
당신이 해야 할 일은 이런 정보를 찾아내는 것이다.
그리고 결과를 활용하라.

약속을 잡는 최선의 방법은?

최고의 방법 : 대면
차선책 : 비서를 통한 전화. (적어도 비서가 있는 정도의 중역과의 약속을 의미한다.)
그 다음 차선책 : 이메일.

전통적인 방식에 대해 지루하게 설명을 늘어놓는 대신 바로 본론으로 들어가겠다. 다음은 성공 확률 80%의 CEO와 약속을 잡는 방법이다. 하지만 쉽지는 않다. 그러나 당신은 원하는 것을 얻게 될 것이다.
세일즈 공에 대한 답 : 차선책을 쓸 때(전화)―CEO의 비서에게 말하라. 당신이 매달 발행하는 이메일 매거진인 이-진(ezine)에 쓸 리더십 관련 기사를 위해 인터뷰를 하고 싶은데 가능할지. 또 덧붙여서 당신의 뉴스레터는 5,000명의 영향력 있는 사람에게 발송된다고도 말하라. 약 30분 정도 걸릴 인터뷰를 언제 하는 게 좋을지 물어보라. 그리고 당신이 사진사도 데려갈 것이라고 말하라. 비서는 어떻게 대처해야 할지 전혀 감이 안 잡힐 것이다. 그러나 내가 장담하는데 이 방법은 성공률이 80~100%다.
사소한 문제 : 당신은 이-진을 실제 발행해야 하고 그러한 메일링 리스트를 갖고 있어야 한다. 좋은 소식은 이것 역시 최고가 되기 위해서는 어차피 거쳐야 하는 관문이다. 당신은 나의 주간 이-진《세일즈

카페인(Sales Caffeine)》을 구독하는가? 내가 당신의 이-진을 구독하는가?

이런 방식으로 고객의 마음속에서 당신은 이미 성공한 사람이다. CEO와 약속잡기는 일사천리로 진행될 것이며 당신 역시 리더로 자리 잡을 것이다.

최종 답 : 인터뷰 중 당신의 제품에 대해 선전하지 말라. 그리고 혹시 물어봐도 당신에 대해서만 말하라. 다른 사람에게 제공한 당신의 가치를 공유하라. 다음 약속을 잡아라. 그리고 인터뷰 기사가 나간 뒤 제품에 대해 이야기하라.

최후 승리 : 자신의 사진과 리더십 철학이 실린 이-진을 받으면 누구에게 보내겠는가? 그렇다! 그가 아는 모든 사람에게 보낼 것이다.

누가 실제 의사 결정자인지 어떻게 알아내는가?

짧게 답하면 : 제일 높은 사람부터 시작하라. 종종 오너라고 불리는 사람들. 종종 CEO라 불리는 사람들. 이들이 의사 결정자다.

종종 너무 낮은 하위직급에게 접근을 해서 애걸복걸하며 의사 결정자에게 다가서기 위해 노력하는 세일즈맨들이 있다. 그리고 나는 그들에게서 "어떻게 하면 하위직을 우회할 수 있나요?" 하는 이메일을 받는다. 내 답은 아예 거기서 시작하지 마라.

> 결정권이 없는 사람과 애초에
> 시작할 이유가 뭐란 말인가?

가능하면 높은 사람에게 접근하라. 웹사이트에 가 보면 나온다. 누가 그런 사람인지. 아니면 후버스(Hoover's)와 같은 리서치 도구를 사용하라. 그러면 의사 결정자들을 찾을 수 있다.

자, 이제 질문은 "그들이 당신을 아는가?"이다. 왜냐하면 당신을 모른다면 당신을 만날 가치가 없다고 생각할 것이기 때문이다.

다음은 당신을 알리는 빠른 방법들이다.
1 그들이 읽을 만한 기사를 써라.

2 그들이 들을 만한 연설을 하라. 가장 쉬운 장소는 해당 업체의 협회 미팅이다.

3 당신이 쓸 기사를 위해 그들과 인터뷰를 하도록 하라. 리더십이나 기업 철학을 주제로.

주의 : 쉽지 않을 것이다. 몇 년이 걸릴 수도 있다. 그러나 일단 달성하면 당신은 이제 리더들의 반열에 서게 된다. 그리고 당신에게 관심을 가질 수밖에 없게 될 것이다.

여기서 핵심은
당신이 '의사 결정자를 찾는 것'이 아니라
'의사 결정자가 당신을 찾도록 만드는 것'이다.

최종 답 : 가치가 있는 메시지를 갖고 실제적인 의사 결정자 앞에 나서는 것이 첫 성공의 열쇠다. 당신의 기사. 기사는 당신을 똑똑한 사람으로 보이게 만든다. 그리고 가치 있는 사람으로 보이게 만든다. 수백만 명의 사람이 이 답을 읽을 것이다. 그들 중 일부는 읽은 뒤 내게 전화를 하고 싶어 할 수도 있다. 왜냐하면 그들은 자신들의 세일즈맨들이 구매 담당보다는 의사 결정자를 더 많이 방문하기를 원하기 때문이다. 당신도 그들처럼 전화를 원할 수 있다. 내 전화번호는 704-333-1112다. 나는 당신의 전화를 받기 위해 대기 중이다.

잠재고객이 약속 장소에 나오지 않았을 때

당신의 고객 혹은 잠재고객의 약속에 갔는데 "지금 바쁘십니다." 나 "다른 일이 생겨서."라는 대답을 몇 번이나 들어 보았는가? 젠장. 아마도 :

1 깜빡 했을 것이다.

2 불가피한 일이 발생했을 것이다.

3 당신의 잠재고객이 지금 세일즈를 하고 있을 것이다.

4 당신은 중요하지 않다. — 판매자로서.

5 필요하지 않다. — 혹은 필요가 전혀 생기지 않았다. — 당신에 대해.

6 충분히 흥미를 끌지 못했다.

7 당신의 잠재고객은 세일즈맨을 무시한다.

8 당신의 잠재고객은 무례한 놈이다.

8.5 당신과의 만남에 그 어떤 가치도 인식하지 못했다.

혼잣말로 욕을 하고 중얼거리는 것 말고 어떻게 대처해야 할까? 잠재고객이 약속 장소에 나타나지 않으면 이제 칼자루는 당신이 쥐었다. '나타나지 않음'을 심각하게 만들어라. 그러나 개인적으로 불쾌하다는 식은 곤란하다. 당신의 태도가 바뀌어서는 안 된다. 화도 내지 마라. 멍청한 말도 하지 마라. 관계 자체를 끝장낼 짓은 더더욱 하지 마라. 많은 세일즈맨들이 이 가운데 하나를 함으로써 구매자의 존중을 얻을 기회를 놓친다. 당신은 그러지 마라. '나타나지 않음'이 주는 기회는 즉시 활용할 때 최고의 효과를 낸다. 다음과 같은 전략을 실천해 보라.

● **우선 스스로를 탓하라.** 그들이 민망할 수 있는 상황은 피할 수 있게 도와주라. 예를 들면 '당신이 시간이나 장소를 잘못 알았나 보다.'고 말하라. (특히 약속이 잡힌 경우). 그래서 그들이 어느 정도 운신할 폭을 주라.

● **별일 아닌 듯 행동하라.** 그러나 그들이 죄책감을 최대한 느낄 수 있게 행동하라.

● **그들의 어쭙잖은 핑계를 열심히 맞장구치며 들어라.** 그 다음 약속을 가능한 한 근시일 내에, 오늘이라도 잡아라.

● **다음 미팅은 당신에게 유리하게 잡아라.** 당신의 회사나 혹은 중립지역. (레스토랑이 제일 좋다.)

● **다른 변화에 대해 상호 합의한 기본 원칙을 만들어라.** 그래서 만일 무슨 일이 발생하면 전화라도 한 통 해 달라는 식으로 말하라.

최종 답 : 만일 잠재고객이 나타나지 않으면 이를 긍정적으로 받아들여라. 당신의 목표는 세일즈를 하는 것이지 구경거리가 될 상황을 연출하는 것이 아니다. 그리고 잠재고객이 첫 약속에 나타나게 하고 싶다면 당신을 만나서 분명히 얻을 게 있다는 것을 인식시켜라. 내 말이 무슨 말인지 알겠는가? 뭐가 중요한지?
가치를 느끼지 않는다면 나타나지 않는다.

잠재고객이 거짓말을 할 때 대처하는 방법은?

우선 왜 거짓말을 하는지 그 이유를 알아야 한다. 돈에 관해서인가? 비즈니스에 관해서인가? 그러나 기본적으로 모든 거짓말은 이유에 상관없이 나쁘다. 물론 더 악의적인 거짓말도 있다. 대부분의 경우 잠재고객의 거짓말은 돈과 관련되었을 것이다. "경쟁을 붙여야 하니깐……." 혹은 "이 가격 안 되나요? 다른 회사는 더 낮게도 된다고 하던데." 뭐 이런 말을 할 것이다. 아니면 다른 회사는 더 빠른 배송이 가능하다고 선전하던데……."라고 하거나.

위의 모든 변들은 관계 구축과는 배치된다. 당신이 만약 거짓말쟁이와 일을 하고 싶다면 어쩔 수 없겠지만. 그러나 거짓말을 하는 사람은 대개 거짓말을 습관처럼 한다. "인보이스를 잃어버렸다. 수표 이미 보냈는데요. 당신이 이렇게 말한 줄 알았는데……. 우리가 합의한 것은 그게 아닌데……." 거짓말은 꼬리에 꼬리를 문다.

거짓말쟁이와 비즈니스를 하는 최선의 방법은 상대의 말이 거짓임을 입증하는 것이다. 벤더가 아니라 파트너로 일을 함께 한다고 말하라. 만일 실제로 당신과 거래를 하고 싶어 한다면 선적 비용, 시간 몇 분, 돈 몇 푼은 중요한 것이 아니다. 왜냐하면 고객은 우수한 제품, 정확한 배송, 뛰어난 서비스 등 당신이 제공할 수 있는 가치를 제대로 인식했기 때문이다.

세일즈 공 : 만일 당신의 거짓말쟁이 고객이 아직도 정신을 차리지 못했다면, 당신보다는 다른 사람과 파트너를 하는 게 더 잘 나을 것 같다고 말하라. 그리고는 당신이 제일 싫어하는 경쟁사에게 그를 추천하라.

최종 답 : 한 번 거짓말한 사람은 다시 거짓말을 할 수 있다. 뱀과 함께 잘 때는 주의하라. 물릴 수 있다.

라이벌은 절대 알지 못하는, 당신만의 통찰력 있는 질문은?

당신은 어리석은 질문을 하고 있을 수도 있다. "무엇이 중요한가요?" "밤에 잠을 설치게 하는 고민이 뭔가요?" "지금 어떤 회사와 같이 일하나요?" "예산이 있으신가요?" "하청업체가 있으신가요?" 또 더 멍청하게, 그들의 재정 상태와 관련된 질문을 할 수도 있다. 내 생각에 그런 질문은 당신이 상관할 바가 아니다. 만일 당신이 내게 저런 질문을 하면 난 "당신이 상관할 바가 아닙니다."라고 대놓고 말할 것이다. 당신이 질문을 잘한다면, 당신의 질문력은 당신보다 먼저 고객을 방문한 경쟁 세일즈맨과 당신을 차별화시킬 수 있다. 다른 사람은 하지 못했지만 당신만이 할 수 있는 질문은? 당신의 라이벌보다 당신이 더 똑똑하고 나은 사람처럼 보이게 하는 질문은 무엇이 있을까? 어떤 질문을 하면 당신의 고객이 하던 일을 잠시 접어 두고 '어, 그거 좋은 생각인데.' 라고 생각하며 당신의 말에 반응을 보일까?

> 비즈니스 성공의 핵심은
> 차별화된 질문력이다.

우수한 질문을 생각해 내는 가장 쉬운 방법은 오너의 입장이 되는 것이다. 당신의 제품과 서비스를 구매 담당자의 입장이 아닌 오너의 눈으로 보라. "존스 씨, 이 차를 구입하시고 나면 가장 먼저 어디로 드

라이브를 가실 건가요?" 아니면 "가족들을 이 차에 태우고 어디로 여행을 가실 건가요?" 이런 질문은 좋은 질문일 뿐 아니라 당신의 고객이 "이 차는 내 것이 되었다."는 가정 하에 상상을 하게 만든다. 그런 뒤 고객은 부지불식간에 과거 당신의 상품과 관련된 기억을 더듬어 보게 된다. 상대방의 전문성과 경험을 이끌어 내는 질문을 하라. "어떻게 생각하시나요?" "경험이 어떠셨나요? "고객님 의견은……?"과 같은 질문을 하라.

많은 세일즈맨들은 고객의 의견에 대한 정보가 전무한 상황에서 일방적으로 제품에 대해 지루한 설명을 늘어놓는다. 이런 무지가 걸림돌이 되어 당신이 라이벌에게 지게 된다. 패배의 원인은 가격이 아니다. 질문 여하에 달려 있다.

보장 : 내가 장담하건대 세일즈 실패의 원인은 가격보다는 멍청한 질문인 경우가 더 많다.

여기서 출발하라 : 당신의 기준에서 가장 강력하다고 느끼는 10개의 질문으로 리스트를 만들어라. 그리고 당신의 경쟁자도 물어볼 것 같은 진부한 질문을 체크하라. 10개 중에서 8개에 체크를 해도 낙담하지 마라. (심지어 남은 두 개에 대해서도 확신이 없더라도.)

이제 다른 질문 리스트를 만들어라. 그리고 또 다른 리스트를 만들어라. 계속 만들어라. 통찰력 있고, 명석하며, 감정적으로도 호소력이 있는 질문을 확보할 때까지 계속 만들어라. 이 비책과 같은 리스트는 단순히 당신을 경쟁사와 차별화시킬 뿐만 아니라 경쟁사를 제압할 수 있게 만들어야 한다.

왜 최근에 잠재고객 5명에게 거절당했는가? 그 대응법은?

대부분의 경우 잠재고객이 "됐습니다."라고 거절할 때 세일즈맨은 이를 받아들인다. 그리고 그 고객을 떠난다. 그러나 잠재고객이 거절한 이유는 거짓인 경우가 많다.

세일즈맨의 마음속에 자리한 거절의 가장 큰 이유는 "내 가격이 너무 높다."이다. 이는 또한 구매자 입장에서도 세일즈맨을 쫓아낼 수 있는 가장 쉬운 변명이기도 하다.

가격을 제외하고, 다음 5.5개의 큰 이유로 당신은 거래를 따 내지 못했다.

1 고객은 당신과의 거래가 최선이라고 믿지 않았다.
2 고객은 이전에 만족스럽지 않은 경험을 한 적이 있다.
3 경쟁 판매자와 개인적인 친분이 있다. 이 부분에서 추가로 알려 주자면, 일단 이런 유대 관계가 성립된 경우에 가격은 고려 대상이 아니다.
4 당신과 경쟁사 간에 차이가 전혀 없기 때문에 가격 외에는 비교할 것이 없다.
5 당신의 상품이나 서비스를 구매함으로써 얻게 되는 수익이나 생산의 향상을 고객에게 보여 주지 못했다. 따라서 가치를 논외로 했을 경우, 남은 비교 인자는 가격이 전부다.

5.5 홀로 거래를 성사시키려 했다. 자, 현실을 직시하자. 아직 그 경지에는 이르지 못했다. 당신이 하는 말이 사실이라는 것을 증명하기 위해 다른 고객을 데려가는 게 어떤가? 당신의 가격이 전혀 문제가 아니라는 것을 증명해 줄 당신의 고객을 왜 데려가지 않았는가? 당신이 하는 말이 다 맞는 말이라는 것을 증명해 줄 당신의 기존고객의 제품 추천서를 왜 가져가지 않는가?

최종 답 : 실패한 세일즈 경험 5개와 성공한 세일즈 경험 5개에 대한 자료를 만들어라. 여기에 제품 추천서를 더하라. 이런 포트폴리오를 통해 얻게 된 유용한 세일즈 지식을 활용하면 가격이 거래 성사를 가로막는 일은 없을 것이다.

> "당신은 이미 어떻게 거래를 성사시키는지는 알고 있다. 단지 세일즈 파워를 쓰지 않고 있을 뿐이다."
> — 제프리 지토머

최근 10명의 잠재고객이 긍정적인 반응을 보인 이유는?

이 10개의 세일즈 실적이 11번째 거래로 자연스레 이어질 것이다. 당신의 성공 습관이 무엇인지 찾아라. 그리고 반복하라. 정말 쉽지 않은가?

(당신을 포함해) 세일즈맨은 세일즈를 하면서 늘 같은 유형의 전투를 벌인다. 가격이 너무 높다, 약속을 잡을 수 없다. 이미 현 거래처에 만족한다. 3개 회사와 입찰 경쟁을 해야 한다. 의사 결정자에 도달할 수 없다 등등.

당신의 경험을 공부하라. 당신의 세일즈 역사를 공부하라.
- **최근의 10개의 단서**
- **최근의 10개의 약속**
- **최근의 10개의 세일즈 방문**
- **최근의 10개의 세일즈**
- **최근의 10개의 재거래로 이어진 세일즈**
- **최근의 10개의 소개장**
- **최근의 10개의 실패한 거래**
- **최근의 10개의 서비스 도움을 요청하는 전화**
- **최근의 10개의 고객 불만**
- **최근의 10개의 잃은 고객**

● 최근의 10개의 제품 추천서

이 정도면 미래를 예측하기에 충분하다. 사실 이 정도면 미래를 바꿀 수도 있다. 바로 당신의 미래. 또한 당신의 고질적인 문제를 해결하기에도 충분한 정보다. 뿐만 아니라 당신의 성과를 두 배로 올리기에도 충분한 정보다.

자, 어쩌면 10개가 아니라 25개가 필요할 수도 있다. 15개가 늘어나니까 이것도 일처럼 들린다. 세일즈맨은 영업을 쉽게 만드는 일 빼고는 어려운 일은 하기 싫어하는 경향이 있다. 10개가 더 할 만해 보인다. 그러면 10개에서 출발하라.

더 깊은 생각 : 표면적인 질문 뒤에 더 심오한 이유에 대한 질문을 하라. 그리고 답을 만들어 보라. 이런 리스트를 만드는 이유는 당신의 성향을 찾아내고, 실수를 없애고, 시간과 돈을 아끼기 위해서다. 또 문제의 재발도 예방하고, 당신의 에너지를 이미 검증된 성공 방식에 집중하기 위해서이다. 멋있지 않나!

왜 진작 하지 못했을까? 생각하지 못했기 때문이다. 나도 마찬가지다.

레드 비트 정보 최종 10개의 세일즈에 대해 질문하는 법을 배우고 싶은가? www.gitomer.com에 가서 등록하고 Red Bit 박스에 LAST TEN이라고 친다.

PART 3

세일즈 전쟁에서 승리하는 방법

고개가 틀렸어. 그리고 난 그걸 증명했어.

그래. 그래서 네가 얻은 거라곤 거개뿐이지.

최상의 세일즈 어프로치란?

나는 모든 종류의 틀에 박힌 경직화된 세일즈 시스템적 접근을 반대한다. 세일즈맨이라면 누구나 그럴 것이다. 내 경우 반대 이유는 이들 시스템적 접근은 상대를 조작하는 경향이 있기 때문이다. 모든 시스템은 '자기중심'이다. 그리고 매우 경직되어 있다. 최악의 시스템은 세일즈맨이 다음과 같은 질문을 하게끔 강요한다. "나는 이 시스템에서 어디에 있는가?", "이 사람이 내가 갖고 있는 제품을 구매하게 마음을 먹게 하려면 나는 어떻게 해야 할까?"

그렇다면 세일즈맨은 체계적 접근을 버리고 무엇을 해야 할까? 전략을 짜야 한다. 새로운 접근 방식을 만들어야 한다. 고객의 관심을 휘어잡을 수 있는 능력을 개발해야 한다. 당신은 결코 체계 따위는 걱정할 필요가 없다. 체계 말고 구조를 만들어라. 체계 말고 전략을 세워라.

논리적이고 연속적인 주문을 받아 낼 수 있는 세일즈 구조를 생각한다면 다음을 포함해야 한다.

- 인맥 만들기
- 약속 잡기
- 세일즈 준비하기
- 당신이 잠재고객의 관심을 얻는 방식으로 잠재고객의 마음을 끌기
- 당신의 제안 가치 제공하기
- 합의하기

- 제품 배송
- 서비스하기
- 너무나 완벽한 환경을 만들어, 고객이 당신에게 연락하고 다른 사람에게 당신을 소개하고 시장에서 당신에 대해 좋은 말을 하게 만들기

이 모든 요소를 다 마스터하면 세상을 커미션으로 둔 것이다.

쉬워 보이는가? 이 공식에 딱 두 단어만 더 하면 당신은 백만장자가 될 수 있다. 그 두 단어가 무엇인지 눈치 챘는가? 대부분 세일즈맨이 가장 듣고 싶어 하지 않는 단어 : 열심히 일하기.

대박 난 세일즈맨은 열심히 일했기 때문이다. 그러면 한 단계 더 나아가 보자. 어프로치, 전략, 구조의 밑바탕은 철학이다. 당신의 철학이 구조를 결정할 것이다. 당신이 어떻게 생각하고 느끼고 세일즈를 실천하는지 당신의 철학을 반영하고 있다.

내 세일즈 철학은 이것이다.

1 먼저 가치를 제공하는 것

2 다른 사람을 돕는 것

3 내가 사랑하는 것에 대해 최선을 다하는 것

4 모든 사람과 장기적인 관계를 맺는 것.

5 활기차고 재미있게 사는 것 ? 매일 매일

이러한 철학이 성공의 밑거름이 되었고, 철학을 실천했기에 훌륭한 세일즈맨이 되었다. 또 더 훌륭한 인간이 되었다. 당신은 철학이 있는가? 당신은 구조가 있는가? 두 가지를 모두 만들어라. 그러면 당신은 비약적인 진보를 위한 발판을 마련한 것이다. 아니면 계속 당신의 시스템의 수렁에서 허우적거려도 좋다. 선택은 당신이 한다.

세일즈에서 백전백승하는 질문 두 가지는 무엇인가?

두 번째로 죽여 주는 질문 : "존스 씨, 사람들이 (당신의 상품을 여기에 기입)을 살 때, 범하는 가장 큰 실수 세 가지가 뭔지 알고 계십니까?"

사람들은 구매 결정을 고민할 때, 갖고자 하는 욕망보다 잃지는 않을까 하고 노심초사하는 마음이 더 크다. 그 누구도 실수를 원하지 않는다. 특히 대규모의 주문 시 그러한 두려움은 한층 더 커진다.

이 질문은 여러 형태로 응용할 수 있다. '세 가지 실수' 대신에 '세 가지 이유'를 넣어 질문을 만들 수도 있다. 여기서 핵심은 유망 구매자와 당신 중 한쪽이 주도권을 잡는 것이다. 당신은 답을 알지만 (상대는 모르는) 질문을 하라.

최고로 죽여 주는 질문 : "존스 씨, (당신의 제품, 회사, 혹은 궁금한 것 무엇이든)를 들으면, 머릿속에 무슨 단어가 가장 먼저 떠오르나요?"

예시 : "존스 씨, '복사기'라는 단어를 들으면 가장 먼저 생각나는 '한 단어'가 뭔가요?" 존스 씨의 답. "형편없는 서비스." 그렇다면 당신은 다음과 같이 응수하라. "존스 씨, 그건 두 단어잖아요. 한 단어로 답을 부탁드렸는데……."

이야말로 가장 강력한 질문이다. 왜냐하면 질문을 통해 당신은 심리전에서 우위를 점했을 뿐 아니라, 해당 질문에 대한 잠재고객의 태도도 알 수 있게 된다.

주의 : 위의 두 질문을 하기 위해서는 반드시 충분한 연습을 통한 숙달이 선행되어야 한다. 내가 단언컨대, 저 두 질문을 할 경우, 초반 한동안은 원하는 답을 듣지는 못할 것이다. 그러나 한 가지 더 단언할 수 있는 것이 있다면, 위 질문들은 효과 만점이다.

세일즈에서 가장 어리석은 질문 세 가지는?

세 번째 멍청한 질문 : "우리 회사에 대해 들어 보셨나요?"
당신이 이런 질문을 해야 한다면, 그 이유는 아마도 잠재고객이 혹시 회사와 관련된 나쁜 경험이 있는지 혹은 부정적인 인식이 있는지를 우선 떠보려는 의도일 것이다. 귀사에 대한 인식은 이미 당신의 방문 전에 형성되어 있다. 만약 언짢은 경험이 있었다면 고객은 그에 대해 말할 것이다. 그리고 당신이 이 질문을 해야 한다면 당신의 회사는 어차피 유명하지 않은 회사일 것이다.

두 번째 멍청한 질문 : "귀사에 대해서 간단히 말씀해 주실 수 있나요?"
이 질문은 당신이 너무 게으르거나 멍청해서 인터넷 검색을 통해 조사도 하지 않고 방문을 하러 온 세일즈맨이라는 것을 여실히 보여 준다. 인터넷 검색 한 번으로 알아낼 수 있는 질문을 절대 하지 마라. 고객들이 알고 있는 질문에 답을 하도록 강요하면 지겨워하고 흥미를 잃은 고객의 몸만 덩그러니 당신 앞에 앉아 있을 것이다. 그리고 이 질문은 결코 당신을 유능한 세일즈맨이라는 인식을 주는 데 기여하지 못할 것이다. 자, 이제 멍청한 질문의 제왕을 볼 차례다.

세일즈에서 가장 멍청한 질문 (아마 당신도 아는 질문일 것이다. 당신이 늘 하는 질문이니깐.) **"선생님과 비즈니스를 하려면 어떻게 해야 하나요?"** 아마 대부분 이런 질문을 수십 번 해봤을 것이다. 그리고 당신이 잠재고객에게 한 질문은 실은 "제가 바지를 얼마나 벗을까요?

음…… 그러니깐 제 말은…… 가격이죠. 주문을 받으려면 가격이 어느 정도 돼야 할까요?"

이제 내가 당신에게 질문하겠다. 세일즈를 시작한 지 1주일 이상 되었는가? 비즈니스를 하려면 어떻게 해야 하는지 알지 않는가? 차라리 임의방문해서 다음과 같이 말하는 것이 1,000배는 더 효과적이지 않을까? "존스 씨, 당신의 회사 사람들, 고객, 당신과 일하는 업체들과 얘기를 좀 해 봤는데, 제가 생각할 때 우리가 일을 함께 할 수 있게 만드는 바로 그것을 제가 발견한 것 같습니다. 존스 씨 아이디어를 제가 한번 살펴보게 해 주세요. 혹시 아이디어가 있으시다면, 우리가 일을 함께 시작할 수 있을 거 같은데요. 제가 원하는 건 이게 전부입니다. 어떤가요? 이 정도면 공정하죠?"

'만약에 당신이 어떻게 하면 고객과 함께 일할 수 있을까?' 이런 식의 질문을 하고 사무실로 들어간다면, 사무실을 나설 때 당신은 빈손이거나 혹은 정말 돈이 하나도 안 되는 거래에 계약을 한 뒤일 것이다. 어찌 됐던 결론은 같다. 당신은 졌다.

그렇다. 만약에 일을 함께 하기 위해 무엇을 해야 하는지를 알고 미팅에 들어간다면 당신은 주문을 받아서 나올 가능성이 높다.

큰 비결 :

'일을 함께 할 수 있게 만드는 법'을 아는 것이야말로 신규 거래 체결 시 가장 덜 사용된다. 그러나 이것은 한편으로는 가장 강력한 기술이다. 당신이 이제부터 할 일은 단순히 이 기술을 사용하는 데서 그치는 것이 아니다. 당신은 이 기술에 정통해야 한다.

전화통화를 주도하는 최상의 방법

31

두 단어 : **상대에게 질문하기.**

질문을 하는 사람이 대화에 주도권을 쥐는 사람이다. 만일 당신이 주장을 펼쳐야 한다면 질문으로 마무리하라. 이 질문에 대한 상대의 답을 통해 두 가지를 얻을 수 있다.

혜택1 : 당신이 상황의 주도권을 쥐게 된다.
혜택2 : 답 속에 세일즈를 하고 관계를 형성하는 데 필요한 중요한 정보가 담겨 있다.

개인적으로 내가 생각할 때 만약 제대로 된 질문만 충분히 한다면, 당신은 주장을 전혀 펼칠 필요가 없다.

> 말하는 것은 판매하는 것.
> 질문하는 것은 구매하는 것.

당신이 나를 안다면 내 세일즈 방식도 알 것이다. 사람들은 물건을 사도록 요구받는 상황은 좋아하지 않지만 스스로 사는 것은 좋아한다. 잠시 통제가 무엇인지 살펴보자. 전화상에서 질문을 던짐으로써 상황을 통제할 수 있다는 걸 알았다면, 이제는 상대가 전화에 매달리게 해야 한다. 즉 당신이 질문을 던질 수도 있고 상대가 당신에게 질문하도록 내버려 두기도 하는 것이다. 그러면 당신은 질문을 통해 언제든 대화를 당신이 원하는 방향으로 이끌어 갈 수 있게 될 것이다.

사이드 노트 : 나는 전화 통화를 할 때, 상대가 답을 고민하도록 만드는 질문을 하는 것을 즐긴다. 고객의 기분을 맞출 뿐 아니라 사고를 자극하는 그런 질문들. 나는 "~와 관련해서는 경험이 어떠셨어요?" 하고 시작하는 질문을 던질 것이다. 혹은 "~을 통해 수익이 개선됐나요?" 혹은 "~을 성공적으로 사용해 오셨나요?" 이를 통해 상대는 고민하고 생각할 기회를 갖게 될 것이다. 이런 종류의 질문은 도발적이긴 하지만 상대를 불쾌하게 만들지는 않는다.

내가 질문을 통해 얻고자 하는 것은 고객의 지혜다.

전화 통제 능력은 그냥 중요한 것이 아니라 중대한 것이다. 전화를 통제한다는 것은 세일즈를 좌우한다는 것이며, 이는 그 사람의 지갑을 통제하는 것으로 이어진다.

가격이 거절의 이유일 때 극복하는 방법

거절이라고 해서 다 같은 거절이 아니다. 가격 때문에 거절할 경우 긍정적인 면도 있다. 적어도 고객이 구매를 생각하기에 나오는 거절이기 때문이다. 그런 면에서 "얼마인가요?"라는 질문은 가장 강력한 구매 신호다. "너무 비싸요."는 두 번째로 분명한 구매 신호다. 문제는 당신이 거래에 너무 급급한 나머지 '거래'만을 위해 기꺼이 가격을 다운시킨다는 점이다.

너무 자주 세일즈맨들은 (당신은 물론 아니다.) 잠재고객이 가격을 물어보기도 전에 가격표를 성급히 보여 주는 경향이 있다. 이는 전략적으로 치명적인 실수다. 왜 가격을 미리 알려 주는가? 만약 잠재고객이 거래에 관심이 있는데 당신이 먼저 가격 정보를 줘 버리면 고객은 "얼마입니까?"라고 질문할 기회마저 박탈당한다. 왜 세일즈맨들은 스스로 자신의 전략을 차 버리는 것일까?

이제, 내가 발견한 전략을 하나 알려 주겠다. 이 전략을 활용하면 당신이 원하는 가격에 거래를 성사시킬 수 있는 가능성을 높일 수 있을 것이다. 그리고 이 전략 사용법은 당신이 생각하는 것보다 쉽다.

"너무 비싸요."라는 답을 듣지 않을 수 있는 가격 답안 : 만일 고객이 가격을 문의하면, 당신이 먼저 몇 가지 질문해도 괜찮은지 양해를 구하라. 그리고 질문하라. (반드시 좋은 질문을 하라.) 그런 다음 구매에 쐐

기를 박을 수 있는 가격 제안으로 이어지도록 재빨리 질문을 하라.

콘셉트 : 고객의 니즈, 욕구, 상태를 우선 파악하라. 그리고 그들이 당신의 제품 혹은 서비스의 가치를 분명히 인식하도록 만들어라. 얼마나 관심 있는지를 알아내기도 전에 섣불리 당신의 가격 정보부터 줘 버릴 이유가 있는가? 상대의 관심 정도를 알아내고 나면 거래 요청에 앞서 반드시 당신의 제품 혹은 서비스의 가치를 분명히 해야 한다.

왜 그 가격인지 증명해야 한다. 그런 뒤 "우리 가격은 공정할 뿐 아니라 앞으로도 변함이 없다(확고하다)."라고 말하라. 그냥 변함이 없다고만 말할 수도 있다. 하지만 이런 당신의 설명을 듣고 상대가 받을 충격을 완화시키기 위해 공정하다는 말을 덧붙였다. 그런 뒤 그들이 얻게 될 가치를 보여 주라.

가격 전쟁에서는 말 한 마디 한 마디가 중요하다. 가격 전쟁이야말로 심리전이며 고객이 인식하는 가치가 매우 중요하다. 판매자로서, 당신은 그 심리를 알아야 한다. 왜? 얼마나 오래? 무슨 문제? 등을 다 이해해야 한다. 그런 뒤 구매로 연결 될 수 있는 가치를 만들어야 한다.

힌트 : 만약 고객이 구매를 하지 않는다면 이는 그들의 잘못이 아니다.

전략 : 니즈와 욕구를 계량화 할 수 있는 질문을 던져라. 당신과 제품에 대해 하나의 문장으로 말하되 이 문장을 통해 최종 가격을 정해야 한다. 그리고 가격을 말하고는 곧장 단숨에 구매를 요청하라.

교훈 : 가격 견적을 위해 세일즈맨이 필요해서는 안 된다. 세일즈맨

의 목적은 세일즈를 통해 제공될 가치를 고객이 인식하고 또 그 정도 가치라면 이 정도 가격이 적절하다는 설명을 하는 일을 한다. 그리고 이 모든 과정은 잠재고객이 "얼마인가요?"라는 질문을 던지는 순간 시작된다.

최종 답 : '피하려 하지' 마라. 당신의 가격에 자긍심을 가져라. "너무 가격이 세군요."라는 대답을 물리칠 수 있는 확실한 유일한 방법은 고객에게 한두 개의 제품 추천서를 보여 주는 것이다. 사용해 본 고객의 제품 추천서야말로 가격 거절을 극복하고 거래를 성사시키는 최선의 방법이다.

망설임과 거절의 차이는?

두 가지 답이 있다. 주저함은 "생각해 보고 싶다." 혹은 "다른 사람도 만나 봐야 합니다."라는 답을 하는 경우다. 거절은 "가격이 너무 세네요." 혹은 "지금 거래처에 만족합니다."라는 답이다. 두 가지 다 기본적으로 전달하는 메시지는 "당신은 아직 나를 설득시키지 못했어요."라는 것이다.

어쩌면 그들은 리스크가 너무 높다고 판단했을 수도 있다. 어쩌면 다른 곳에서 더 저렴하게 거래할 수 있다고 생각했을 수도 있다. 어쩌면 당신과 함께 일을 하기에는 아직 충분한 확신이 서지 않았을 수도 있다. 어쩌면 그들이 의사 결정권을 쥔 사람이 아닐 수도 있다.

당신은 가치를 충분히 증명하지 못했다. 당신과 경쟁사의 차이점을 충분히 보여 주지 못했다. 당신의 제품과 서비스를 위해 지갑을 열도록 할 만큼 고객으로부터 신뢰를 얻지 못했다.

대부분의 세일즈맨은 주저함이나 거절이 실제로 영업을 가로막는 이유로 인정할 만큼 순진하다. 거절 혹은 어떤 형태를 했든 간에 장애물이 의미하는 바는 간단하다. 구매는 원한다. 단, 당신에게서는 아니다.

만일 고객이 "관심 없어요."라고 말한다 하더라도 (아마 전화를 쾅 하

고 끊거나 사무실에서 쫓겨나는 것을 제외하고는 아마도 가장 전형적인 거절법일 것이다.) 이것이 실제로 의미하는 것은 당신이 상대의 관심을 사로잡지 못했다는 것이다.

중요한 것은 전환이다.
확신의 부족을, 신뢰의 부족을, 인식된 가치의 부족을
전환시켜야 한다. 바로 세일즈로 말이다.

최종 답 : 주저함을 거래로 바꾸기는 더 쉽다. 거절을 거래로 만들려면 더 많은 노력이 필요하다. 그러나 이 두 가지는 당장 구매를 원치 않는 이유로 간주된다. 대부분의 이유는 변명에 지나지 않는다. 진정한 세일즈맨이라면 왜 이런 일이 일어나는지를 끝까지 탐구해서 실제적인 세일즈 걸림돌을 발본색원할 수 있어야 한다.

레드 비트 정보 장애물(거절)을 극복하는 방법을 알고 싶은가? www.gitomer.com에 가서 등록하고 Red Bit 박스에 OBJECTION이라고 친다.

거절을 예방하는 방법은?

답 당신의 프레젠테이션에서 거절의 예를 다루라.

영업을 시작한 뒤 당신은 전혀 새로운 거절을 본 적은 없다. 고객이 어떤 거절 이유를 댈지 10개의 거절의 경우는 이미 너무나 잘 알고 있다. "현재 함께 일하는 회사와 만족합니다." "가격이 너무 세군요." "그런 일은 본사가 알아서 합니다." 이 밖에도 귀에 딱지가 앉을 만큼 들은 어설픈 변명들이 있다.

거절을 예방할 때는 두 가지 선택이 있다.
1 발표 중에 이렇게 말한다. "잠재고객 씨, 아시다시피, 많은 사람들이 우리 가격이 너무 세다고들 합니다. 우리 고객이 되기 전에는 말입니다. 우선 본론에 앞서, 우리 고객들의 제품 사용 뒤 추천 영상을 몇 개 보여 드리고자 합니다. 지금부터 보여 드릴 분들은 처음엔 저희 가격이 너무 세다고 생각한 분들입니다. 하지만 어쨌든 구매는 하셨고 이제는 우리 고객이 된 지 몇 년이 되셨습니다."
2 스스로가 예방할 수 있도록 시도하라. "잠재고객 씨, 아시다시피 일부 사람들은 우리 가격이 너무 높다고 말합니다. 하지만 그렇게 말하는 이유는 우리 제품의 실제 가치를 완전히 이해하지 못한 데서 기인하는 오해입니다. 시간이 지나면 오히려 저희 제품은 비용을 절감시켜 드립니다. 잠시 뒤에 이를 보여 드리겠습니다. 제발 확신을 갖고 지켜봐 주십시오. 물론 제가 최고의 가치를 갖고 있지 않을 수도 있

습니다. 하지만 절대 당신의 시간을 낭비하지는 않겠습니다."
이 둘 가운데 하나는 효과를 발휘할 것이다.

최종 답 :

제품 추천서야말로 당신이 갖고 있는
가장 강력한 세일즈 도구다.

어느 선택을 하든지, 당신이 할 일은 간단하다. 10개의 가장 흔한 거절 이유를 찾아내고, 이에 대한 최선의 대응책을 강구한 다음 당신의 발표에 이를 잘 포함시켜라. 그래서 종국에는 계약서에 서명을 받아낼 수 있게 하면 된다.

강력한 구매 신호를 제때에 알아차리기

발표와 거래 성립의 연결고리는 당신의 잠재고객이 보내는 구매 신호다. 전문적인 세일즈맨으로 당신이 할 일은 구매 신호를 눈치 채고, 이 신호를 세일즈로 발전시키는 것이다. 그러나 눈치를 채는 것이 결코 쉽지 않다.

판매의 과학에 있어서 구매 신호를 감지하는 것은 일종의 '예술'이다. 구매자의 말을 경청하라. 그들은 당신에게 신호를 보낼 것이다. 당신이 발표를 하는 동한 구매자는 제스처, 질문, 제품을 만지작거리면서 신호를 보낼 것이다. 혹은 다른 방식으로 자신의 구매 의사를 표시할 것이다. 당신이 구매 신호를 들으면 이제 당신이 세일즈를 요청할 타이밍이다.

경험에 비춰 볼 때 : 잠재고객이 묻는 어떤 질문이든 구매 신호로 일단 간주해야 한다.

가장 강력한 구매 신호는 당신의 잠재고객이 다음과 같은 질문을 할 때다. "얼마입니까?" 이 질문이 의미하는 것은 당신이 충분히 고객의 관심을 끌어냈고, 이제 고객은 '소유'를 생각하고 가격을 알고 싶은 단계에 도달했다는 것이다.

레드 비트 정보 21.5가지 구매 신호를 알아차리기를 원하는가? www.gitomer.com에 가서 등록하고 Red Bit 박스에 SIGNALS라고 친다.

세일즈를 질문할 최적의 시간과 방법은?

세일즈를 위해서는 반드시 질문해야 한다! 그런데 당신은 "그야 당연하죠. 그런데 언제가 가장 좋은 타이밍인가요?"라고 질문하고 있을 것이다.

난들 알겠는가? 당신 말고는 아무도 모른다. 잠재고객의 구매 신호와 당신의 직감을 십분 활용하라.

어떻게 질문할지, 무엇을 질문할지가 언제 물어볼지보다 차라리 더 쉽다. '질문'은 세일즈에 있어서 매우 중요하다. 따라서 '어떻게'와 '무엇을'과 관련해서는 몇 가지 옵션을 준비해 놓는 것이 바람직할 것이다.

중요한 노트 : 질문해서 안 되는 것은 다음과 같다. "당신과 비즈니스를 하려면 제가 어떻게 해야 하나요?" 혹은 "당신과의 거래를 따 내려면 무엇이 필요한가요?" 이런 질문은 모욕적이다. 훌륭한 세일즈맨은 무엇이 필요한지 스스로 찾아내고 실천한다.

더 중요한 노트 : 많은 세일즈맨은 '우물쭈물하며 질문'한다. 나는 이런 세일즈맨들을 '세일즈 겁쟁이'라고 부른다. 만약 당신도 겁쟁이라면 최악의 상황이 뭐가 될 수 있을지 깨달아라. 최악이라고 해 봤자 당신의 잠재고객이 "싫습니다."라고 말하는 것이다. 좋은 세일즈맨이라면 누구든 "싫습니다."는 "아직은 아니다."라는 의미라는 걸

다 알고 있다. 자, 아직도 두려운가?

다음은 거래를 요청하는 7.5가지 방법이다.

1 질문 : 리스크가 무엇인가? 리스크가 뭔지 물어보면 실제 거절의 이유를 알 수 있게 된다. 혹은 (다음이 제일 좋은 부분인데) 사실은 이렇다 할 거절 이유가 없다. 그럼 "존스 씨, 언제 위험을 무릅쓰지 않기 시작할 것입니까?"라고 물어보라. 그러면 계약은 따 놓은 당상이다.

2 질문 : 다음 일은 언제입니까? 기회가 무궁무진한 세일즈를 성사시키려고 하는 중에 있다면 (프린터, 공급, 일시적인 도움, 건설, 그래픽 디자인) 스스로를 입증하기 위해서는 하나의 일(주문)만 따 내면 된다.

3 간접적인 약속을 물어보라. 인도 시 고객의 배석을 요청할 수 있는가? 몇 명이 트레이닝을 받아야 하는가? 교육은 언제 시작하는가?

4 질문하라. 무엇 때문에 망설이는가? 우리와 거래를 하지 못하는 이유가 있는가? 무엇 때문인가? 어떤 장애물이 있는가?

5 장애물이나 거절이 있다면 **질문 : 그 이유가 다인가?** 다시 말해, 존스 씨, 만약에 그 거절만 아니었다면 우리와 거래를 체결할 수 있으신가요?

6 독창적으로 질문하거나 커뮤니케이션하라. 5센트나 10센트 가게(센트라니 내가 좀 나이가 들긴 했다.)에 가서 플라스틱으로 된 울타리와 플라스틱(고무) 인형을 사라. 인형 하나(고객과 닮았지만 불쾌하게 만들어서는 안 된다.)를 울타리에 줄로 연결하라. 그리고 상자에 넣어서

당신의 잠재고객에게 보내라. 그리고 상자 안에는 전단지를 하나 넣어라. '담벼락에서 뛰어내리는 주간(결정을 내리는 주간)'이라고 적어라. 그리고 고객에게 충분히 고민하셨으니 지금이야말로 담에서 뛰어내릴 시기라고 말하라. 그리고 주문을 넣어 달라고 말하라. 담벼락에서 뛰어내리기 주간보다 더 나은 타이밍이 어디 있겠냐고 말하라. 그리고 이를 통해서 소외받은 전세계 세일즈맨들을 도와줄 수 있다고 말하라. 웃음거리를 제공하라. 재미도 있고, 거래도 따고.

7 거절할 수 없을 만큼 좋은 제안을 해서 '이 정도면 괜찮죠?'라는 질문으로 끝낼 수 있도록 하라. "존스 씨, 우리가 당신을 도와드릴 수 있을지 잘 모르겠지만, 당신의 가장 중요한 사례를 다음 금요일 점심 때 가져오신다면, 제가 도움이 될 수 있다면, 제가 말씀드리겠습니다. 그리고 만약 도움이 될 수 없다면, 그래도 말씀드리겠습니다. 어때요? 이 정도면 괜찮죠?" 다른 예도 있다. "존스 씨, 시범적으로 주문을 한번 주십시오. 그래서 제가 당신의 거래를 따 낼 수 있게 해 주십시오. 만약 제가 약속드린 것과 다르다면 돈을 내지 않으셔도 됩니다. 어떤가요? 이 정도면 괜찮죠?"

그리고 모든 것이 실패했을 시에는

7.5 유머를 사용하여 질문하라. "존스 씨, 이제야 당신의 비즈니스를 따 내려면 뭘 해야 하는지 알아냈습니다. 당신이 '좋습니다.'라고 말하기만 하면 됩니다." 더 진취적인 세일즈맨은 아마 "언제 '좋습니다.'라고 하실 건가요?"라고 물어보는 모험도 감수할 것이다.

더 중요한 노트: 분위기가 적당할 때 거래에 대해 질문하라. 최악의 경우는 잠재고객의 사무실에서다. 최고의 경우는 비즈니스 식사 때

다. 아침이든 점심이든 또는 저녁이라도 상관없다. 차선책은 당신의 사무실에서다. 그리고 그 다음 나은 경우는 전시회장에서다.

최종 답 : 세일즈 질문의 열쇠는 진지함과 친절한 태도다. 압박을 가하거나 밀어붙이지 말라. 최선의 방법은 : 일찍 질문하고, 자주 질문하는 것이다. 이런 질문의 기술을 단련시키는 최선의 방법은 "좋습니다."라고 말할 대상 앞에서 연습을 하는 것이다.

구매자들이 찾는 것과 결정의 단서는?

구매자들이 찾는 것은 4.5가지다.

1 당신의 제품, 서비스가 경쟁사보다 뛰어나다는 것을 인지할 수 있을 만큼의 차별성.

2 경쟁사보다 당신의 것을 구매하면서 얻을 수 있는 가치가 더 높다는 것. 자, 주목하라. 나는 낮은 가격이라고 말하지 않았다. '높은 가치'라고 말했다.

3 당신에게서 구매를 해서 거의 없거나 혹은 아예 없어지는 리스크. 구매자는 반드시 소유를 통해 얻는 이익이 잘못된 것을 구입해서 발생하는 리스크보다 더 크다는 점을 인식해야 한다.

4 구매자는 당신에게 호감을 가져야 한다. 당신을 믿어야 한다. 당신에게 확신이 있어야 한다. 당신을 믿어야 한다. 그러나 이 모든 것은 호감에서 출발한다.

4.5 낮은 가격. 많은 사람들 (심지어 당신조차) 내가 가격 양보나 입찰을 따 낸 것에 초점을 맞추지 않음으로써 해를 끼쳤다고 생각할 것이다.

그러나 앞에 나온 4가지를 제시한다면 가격 문제는 당신의 거래 중 60~70% 정도의 경우 중요한 이슈가 아닐 것이다.

최종 답 : 구매자나 의사 결정권자는 단순한 거래가 아닌 '위안, 안

정'을 찾고 있다. 의사 결정권자들은 계약이 회사를 위해 올바른 선택이라는 느낌을 받아야 거래를 한다. 그렇지 않으면 그 어떤 가격이든 눈길도 주지 않을 것이다. 또 의사 결정권자들은 과거의 거래나 입소문도 고려할 것이다. 모든 구매자와 의사 결정권자들은 서로를 안다. 당신이 할 일은 훌륭한 제품을 갖고 있는 것뿐만 아니라 훌륭한 평판을 갖추어야 한다. 훌륭한 평판을 갖추게 되면 인지될 수 있는 리스크를 낮출 수 있다. 게다가 종종 명성은 주문을 따 내는 데 중요한 열쇠가 되기도 한다.

PART 4
세일즈 기술 쌓기, 한 번에 벽돌 하나씩

어떻게 세일즈 기술 벽돌로
세일즈 집을 짓지?

한 번에 하나씩.
세일즈 기술을 배웠을 때와
마찬가지로.

왜 구매자들은 내 전화에 응답하지 않는 걸까?

어떻게 하면 구매자들에게서 응답 전화를 받을 수 있을까? 메시지를 남겨야 하나? 남기지 말아야 하나? 매우 중요한 문제다. 그렇지 않은가? 왜냐하면 가끔은 당신이 메시지를 남겨도 (나도 안다. 이 사실이 놀랍다.) 상대는 감감무소식이다. 젠장.

이런 경험을 겪게 되면 대개 메시지를 남기는 일을 주저하게 된다. 이유 : 상대에게는 당신이 무엇을 하는지, 무엇을 원하는지는 중요하지 않다. 다시 한 번 말해 주겠다. 당신의 전화를 받는 대상에게 당신이 무슨 일을 하고 당신이 원하는 것이 무엇인지는 전혀 중요하지 않다.

무엇 때문에 당신의 고객이 밤에 잠을 설친다고 생각하는가?
무엇이 그들의 마음에서 가장 큰 문제라고 생각하는가?
무엇이 그들을 걱정하게 만든다고 생각하는가?
무엇이 그들에게 스트레스를 준다고 생각하는가?

돈을 잃거나? 버는 것? 물론 그것도 하나의 이유일 것이다. 수익? 또? 뭐가 있을까? 고객의 충성도를 유지하는 것? 당근이다! 그들의 비즈니스는? 만약에 스스로의 힘으로 사업을 하고 있다면 그들이 더 많은 세일즈 성과를 올리는 데 신경을 쓸까? 경쟁? 어휴…… 걱정이 끝이 없다.

생산성? 생산성도 그들의 고민 중에 하나일 것이라고 생각하는가? 좋은 직원들을 경쟁사에 뺏기지 않는 것? 늘어만 가는 영업 비용은? 소득세는? 내가 말하려는 의미를 알겠는가? 세상에 세금 신고서를 작성하면서 고민을 하거나 화나지 않는 사람이 어디 있겠는가? 나는 수입세는 미국에 거주해서 내게 되는 일종의 임대료라고 생각한다. 이렇게 생각하면 훨씬 더 소득세로 맘 상하는 일이 줄어들 것이다.

다음을 이해하라 : 당신의 고객이 밤에 잠을 설치는 것과 당신은 하등의 관계가 없다. 당신이 해야 할 일은 고객의 고민 중에서 몇 가지 정도의 답을 알아내는 것이다. 그리고 고객의 숙면을 도와줄 수 있는 아이디어를 생각해 내는 것이다. 당신이 할 일은 고객의 불면증 자체가 아니라 불면증을 야기하는 원인에 관한 한 전문가가 돼 주는 것이다. 그리고 어떻게든 그들이 마음 편히 쉴 수 있게 만드는 것이다.

다음에 관심을 가져라 : 당신의 고객과 잠재고객을 고민하게 만드는 것들이 바로 음성 사서함에 음성을 남기는 것이다. 그들에게서 연락을 받는 데 열쇠가 될 것들이다. 알겠는가?

자, 만일 당신 소개나 당신의 일에 대해서 주절주절 남긴다면 그들은 절대 당신에게 전화를 걸지 않을 것이다. 게다가 전주에 당신 말고도 5명이나 유사한 음성을 남겼다. 금융, 광고, 회계, 복사기, 휴대폰 등 정말 다양한 분야의 세일즈맨들이 한결같이 음성을 남겼다. 그리고 당신도 그들 가운데 한 사람이다. 아이쿠.

최종 답 : 메시지를 남기고자 한다면 충분한 가치나 이유를 분명히

제시할 수 있어야 한다. 그래야 상대에게서 연락을 받을 수 있다. 이것이야말로 고객의 응답을 얻어 내는 성공의 핵심이다. "전화를 걸면 답이 잘 오는 편인가?"라는 질문에 대한 답은 얼마나 당신이 그들의 고민에 대해 얼마나 알고 연구했느냐에 전적으로 달려 있다. 물론 연구 뒤 그에 대한 메시지를 남겨야 한다.

수익, 충성도, 생산성, 세일즈, 사기 진작, 가족, 아이들에 대한 팁이나 아이디어를 남겨라. 예를 들어 "이 정도면 전화를 안 하고는 배길 수 없겠죠."라는 인상을 남길 수 있는 메시지여야 한다. 그리고 당신과 똑같은 제품을 취급하는 다른 경쟁사들과도 차별화할 수 있는 그런 메시지를 남겨야 한다.

음성 메시지는 고객에게 어떤 작용을 하는가? ㉟

질문을 하고 그에 대한 답을 제시하라.
아니면 거꾸로 할 수도 있다. 답을 주고 질문을 하라.
그러나 핵심은 **고객에 관한** 것이어야 한다.

또 다른 전략도 있다. 내 의견에 가장 효과적인 방법 : 다른 사람에게 뭔가 가치가 있는 것을 갖고 있는 것이다.

그들의 비즈니스, 사업, 삶, 가족에 대해서 하나의 객관적인 팩트를 들 수 있다면 그 메시지를 남겨라. 그러면 이제 당신은 고객의 눈앞에 맛있는 홍당무를 매달아 놓은 것이다. 예를 보자. "존스 씨, 직원들을 계속 회사에 유지시킬 수 있는 세 가지 방법이 있습니다. **첫 번째** : 당신의 고객보다 더 잘 대해 주시면 됩니다. **두 번째** : 그들을 죽이는 것이 아니라 살리는 혜택을 제시하십시오. **세 번째** : 아! 시간이 없네요. 저는 제프리 지토머입니다. 세 번째 답을 알고 싶으시다면, 704-333-1112로 전화하시면 됩니다." 시도해 보라.

최종 답 : 그들에 대한 팩트를 가져야만 한다.

당신이 만일 고용 에이전시라면, 고객들은 당신의 서비스를 이용하는 것을 좋아하지 않겠지만 자신들의 직원을 유지하는 데는 관심이 있을 것이다. 이제 당신은 당근을 더 멀리 늘어뜨릴 수 있다. 실제로 누군가에 대해 말하고 싶다면, 팩트 1을 월요일에 음성으로 남기고,

팩트 2는 화요일, 팩트 3은 수요일, 팩트 4는 목요일 그리고 금요일에는 "오늘은 없습니다. 만약에 또 다른 이야기를 듣고 싶으시다면 전화하세요."

당신도 마찬가지다 : 당신의 회사 음성 메일을 지나치게 남용하고 있을 수도 있고, 제대로 이용하고 있지 않을 수도 있다. 고객은 당신에게 전화를 한 뒤 당신 회사의 응대 방식 때문에 오히려 화가 날 수도 있다. 당신이 전화를 받지 않을 수도 있고 멍청한 보이스 메일로 넘어갈 수도 있다. 음성 사서함은 두 가지 방식으로 활용할 수 있다. 하나는 당신의 것을 어떻게 다루느냐고, 다른 하나는 당신이 남들의 것을 어떻게 다루냐다. 당신의 것은 완벽하게 다루는 것은 당연하다. 자, 이제 남의 것을 어떻게 다룰 것인지에 집중하자.

전화에 답을 달라고
애걸하고 있는 게 아닙니다.
그러나 전화를 안 해 주시면
제 아내는 저를 떠날 것이고
보스는 저를 죽이려
들 거예요.

인터넷을 활용한 최선의 세일즈 방식은?

인터넷은 세일즈업계를 인터넷의 속도만큼 변화시키고 있다. 그렇다면 인터넷의 속도는? 어제는 안전했던 당신의 일자리가 내일은 이미 사라진 일자리가 될 수 있다. 새로운 인터넷 세일즈 규칙? 물론 있다.

다음은 인터넷의 속도로 진행되는 세일즈에서 현실에서 활용할 수 있는 새로운 규칙 10.5개다.

1 기존의 판매 방식은 더 이상 효과가 없다.

오래되고, 고압적이며, 때로는 속임수 같은 세일즈 방법은 이제 한물갔다. 21세기는 독창성의 시대다. 가치의 시대이며 관계의 시대다. 이 모든 것이 한데 융합되어 구매 환경을 조성하고, 이는 온라인이나 오프라인에 모두 적용된다.

2 온라인, 오프라인 할 것 없이 고객이 당신을 좋아하는 것은 필수 대전제다.

만일 고객이 당신을 좋아하고, 믿고, 신뢰하고 당신에 대한 확신을 갖고 있다면 당신에게서 구매할 것이다. 따라서 당신이 할 일은 직접 만났을 때 호감이 가야 하고 웹상에서는 방문을 이끌어 낼 만큼 매력적이어야 한다.

3 이제 연락은 단순한 관리 차원이어서는 안 된다.

이제는 모든 접촉, 연락을 통합해서 활용함으로써 세일즈를 해야 한다. 최고가 되려면 한 걸음 빨라야 하고, 더 박식해야 하며, 고객에게 정보를 더 먼저 알려 주어야 한다. 다시 말해 일상 속에서 더 매력적인 세일즈맨이 되어야 한다. 컴퓨터 사용 능력, 개인적인 연락, 새로운 세일즈 기술 등 이 모든 기술을 통합하는 능력이 성공의 필수 요소다.

4 세일즈에서는 누구를 아느냐보다는 누가 당신을 아느냐가 중요하다.
당신이 몸담고 있는 업계, 시장, 기존고객, 잠재고객 사이에서 당신에 대한 프로파일을 올리기 위해서는 인터넷을 속속들이 알고 활용해야 한다. 당신의 프로파일에 이 세일즈맨은 '가치 있는 콘텐츠'가 더 많다는 인식이 퍼질수록 당신은 더욱 함께 일하고 싶은 세일즈맨이 될 것이다.

5 고객은 지금 당장 원하고 무료로 원한다.
고객을 위한 모든 것은 인터넷의 속도로 이루어져야 한다. 정보를 제공하고, 직접 만나고, 고객이 필요한 것을 팔고 (결코 당신이 가진 것을 파는 것이 아니다.) 내일 혹은 가능한 한 빨리 배송을 하고, 문제가 발생하면 즉시 대응(혹은 해결)하고, 당신의 제품을 최대한 활용하는 사용법을 알려 주고, 문제를 예방하는 프로그램을 개발하고, 기억에 남을 만큼 뛰어나게 서비스를 제공해야 한다.

6 가격 외에 다른 방식으로 라이벌과 차별화해야 한다.
가치 차별화에는 7가지 핵심 요소가 있다. 이 가운데 가격은 없다. 가치라 함은, 당신의 이름, 당신의 질문, 당신의 아이디어, 당신의 독창성, 당신의 발표, 고객이 인식하고 있는 당신의 가치, 고객의 기대를 뛰어넘는 서비스 제공 능력이다. 만일 고객이나 잠재고객이 당신과 경쟁사의 가치에서 차이를 발견하지 못한다면 그들은 싼 곳을 거래처로 택할 것이다. 최저 가격 = 최저 수익.

7 실제적인 차이의 비밀은 제프리 지토머의 '가치 우선' 주장이다.
결과적으로 당신의 사업에 도움을 줄 수 있는 능력은 당신의 고객이나 잠재고객의 사업을 키울 수 있는 정보로 그들을 돕는 것이다. 이를 통해 성장한 고객의 비즈니스는 당신의 성과도 키워 준다. '가치 우선'은 차별화뿐만 아니라 수익 창출에 있어서도 최선의 방식이다.

8 나를 감탄시키지 못하면 나와는 거래를 할 수 없다.
'만족'은 더 이상 서비스에서 기준이 아니다. 당신의 행동, 질문, 발표, 세일즈 도구, 홈페이지를 평범함에서 비범함으로 탈바꿈시켜라. 비범함은 고객을 감탄시키고 감탄한 고객은 충성도를 갖게 된다. 그리고 오늘날은 만족이 아닌 충성도가 기업과 개인의 성과의 새로운 척도가 되었다.

9 고객을 감탄시키려면 독창성을 연구하라.
대부분의 사람들은 독창성이 신경제 세일즈에서 중요한 요소 중 하나라는 사실에는 수긍할 것이다. 그러나 독창성에 관련된 책을 읽어 본 이는 많지 않을 것이다. 내가 가장 좋아하는 책은 마이클 미칼코의 《씽커 토이》다. 인터넷에서 클릭 한 번으로 주문할 수 있다.

10 고객이 필요할 때 당신을 만날 수 있게 하라.
고객의 니즈를 이해하는 것과, 이를 위해 행동을 취하는 것은 별개의 문제다. 당신의 일 가운데 우선순위는 고객이 필요할 때 고객에게 답을 제공하는 것이다. 인터넷은 영업 시간을 완전히 바꾸어 놓았다. 1년 365일, 주말도 없이 일주일 내내, 이제는 하루 24시간이 최소한의

영업시간이다.

10.5 대부분의 사람들은 세일즈를 더 쉽게 만들어 주는 똑똑한 일과 고된 일을 하지 않으려 한다.

그렇다. 인터넷에 숙달하려면 열심히 노력해야 한다. 용기도 필요하다. 기술, 독서, 컴퓨터, 네트워킹(인맥 만들기), 글쓰기, 공부, 새로운 것 배우기, 연습 등에 투자해야 한다. 이를 다 하고 난 뒤에는 이제 쉬운 일만 남았다. 승진을 위한 사다리에 올라 있는 한 계속해서 학생의 자세를 유지하라. 정상에 도달하는 가장 쉬운 방법은 공부하고 연습하고 네트워킹을 하는 것이다.

최종 답 : 인터넷은 새로 사귄 친한 친구이며 새로운 자원의 보고다. 성능이 제일 좋은 컴퓨터를 사라. 무선 인터넷도 가능하게 하라. 집에 초고속 인터넷을 설치하라. 당신의 세일즈 인생과 세일즈 지식에 대해 인터넷으로 관리를 할 수 있게 하라.

인터넷을 정복하라.
그러면 당신의 세계를 정복하게 될 것이다. 또한
당신의 온라인 계좌도 정복하게 될 것이다.

구매자 유형별 분류의 허점

거래를 잃는 것이 목표라면 그렇게 하라. '고객 분류'는 일종의 조작이다. 당신의 유형을 상대의 타입으로 수정하려고 한다면 말이다. 전형적인 '유형별 분류'에는 네 종류가 있다. 그러나 내 생각에는 세상에는 수백만 개의 타입이 있다.

개인적으로, 어떤 유형인지가 중요하지 않다. 내 목표는 방문 전 준비와 질문을 통해 상대를 이해하는 것이다. 그리고 준비 기간 동안에 나는 상대를 조종하려고 하기보다는 서로 공통점을 찾기 위해 노력할 것이다. 세일즈의 목적은 '유형화'가 아니다. 세일즈의 목적은 관심 끌기와 조화를 이루는 것이다.

일부는 '유형화'가 고객을 이해하는 데 도움이 된다고 볼멘소리를 할 수도 있다. 그러나 실상은 그렇지 않다. 그들을 정형화하는 데 들이는 시간은 그들을 이해하려는 소중한 시간을 앗아 갈 뿐이다.

차라리 내 아이와 고객의 아이가 같은 리그에서 축구를 한다는 사실을 발견하는 것이 낫다. 서로 응원하는 팀이 같다거나 같은 대학 출신이거나 한 동네에 산다거나 둘 다 아는 사람이 있다는 사실을 발견하는 것이 훨씬 낫다. 이런 정보야말로 올바른 형태의 정보다.

'유형화'를 할 때 당신은 고객과의 유대감을 찾고, 조화를 이루는 데 써야 할 시간을 낭비하게 된다. 상대를 조종하는 정보를 찾아내기 위해 너무 많은 시간을 써 버리는 것은 유형화의 오류다.

세일즈 방문 준비하기

다음은 세일즈 방문을 준비하는 5.5가지 방법이다. 대부분은 인터넷에 연결된 노트북으로 할 수 있는 일이다.

1 방문하고자 하는 회사의 홈페이지를 방문해 보라. 프린트해서 궁금하거나 특별한 아이디어가 있는 부분에 동그라미를 쳐라. 고객의 회사가 당신의 상품이나 서비스를 어떻게 활용할 수 있을지, 가능한 한 모든 방법을 생각해라. 그리고 당신이 만나게 될 사람에 대한 다양한 정보도 찾아보라. (그들의 윗사람도 포함해서.)

2 그들의 경쟁사 홈페이지를 가 보라. 마케팅에서 당신이 방문할 고객의 명백히 다른 점을 찾아보라.

3 회사 이름을 검색해 보라. 그리고 무엇이 나오는지 살펴보라. 읽어보고 더 철저히 준비하라.

4 당신이 만나고자 하는 상대의 이름을 검색해 보라. 구글에서 검색해 보면 필요한 정보를 모두 얻을 수 있을 것이다. 만일 정보를 찾을 수 없다면 당신이 만나는 사람은 의사 결정권자가 아닐 것이다. 그의 상사의 이름을 검색해 보라. 더 많은 정보를 찾을 수 있을 것이다.

5 당신이 얻은 모든 정보를 취합하라. 그리고 새로 얻은 정보에 기초해서 고객이 당신 제품에 대해 어떠한 니즈를 가질 수 있을지 예상하고 관련 질문을 만들어라. 그들의 회사에 대한 질문도 만들어라. 그리고 그들의 약력을 찾을 수 있다면 약력과 관련된 질문도 몇 개 준비하라.

5.5 당신에 대해 검색해 보라. 당신을 한 시간 정도 만날 사람이 당신에 대해 검색해 보지 않을 것이라고 순진하게 예단하지 말라. 당신의 웹사이트가 없다면, 공식석상에서 강연을 한 적이 없다면, 기사를 쓴 적이 없다면, 자선단체에서 활동을 전혀 하지 않았다면, 검색 결과는 아무것도 없을 것이다.

나는 방금 당신에게 공식을 주었다. 당신의 웹사이트를 만들어라. 관련 업계 행사에서 연설하라. 글을 써라. 지역사회 활동에 참여하라. 당신이 방문하는 사람이 오히려 당신을 만나고 싶게 만들어라. 또 충분히 조사를 하고 준비해서 잠재고객이 단순한 상품 설명 이상을 기대할 수 있을 만큼 흥미를 갖게 만들어라.

굉장히 큰 거래를 위한 고객 방문이라면 당신은 보다 더 많은 개인적인 정보를 확보를 원할 수도 있다. 해당 기업의 연차 보고서를 읽어라. 잠재고객의 고객에게 전화를 해 보라. 잠재고객의 거래처에 전화를 해 보라. 잠재고객의 세일즈맨에게 전화를 해 보라. 만일 PR부서가 있다면 해당 부서에 전화를 해 보라.

한 가지 확실한 것은, 세일즈 방문을 위해 어떤 조사를 하든 간에 결코 충분하지 않을 것이라는 점이다. 당신의 부모는 당신이 어렸을 때 이 말을 했을 것이다. "숙제하라. (조사하라. 준비하라.)" 그리고 이제까지 살아오면서 당신은 이게 산수 숙제를 하라는 말인 줄 알았을 것이다.

큰 비밀 : 부모님들은 당신에게 삶에 대한 메시지를 주셨던 것이다.

더 큰 비밀 : 준비하라. 그렇지 않으면 당신보다 더 많은 준비를 한 사람에게 고객을 뺏기게 될 것이다.

잡상인 출입 금지 경고문을 보았을 때

나는 들어간다. 그런데 들어가고 말고는 당신이 취급하는 물건에 달려 있다. 나는 늘 '잡상인'이라는 단어를 들으면 허위 자선단체를 빙자해 사탕을 팔거나, 향수나 그림을 파는 사람, 그리고 영화 〈풀러 브러쉬 맨(Fuller Brush men)〉이 생각난다.

나는 기업들이 '환영합니다.'라는 팻말 대신 출입 금지라는 팻말을 붙일 정도로 시대가 변하게 될지는 전혀 예상하지 못했다. 그리고 많은 기업들은 이중 잣대를 갖고 있다. 자신의 회사에는 출입 금지를 붙이지만 자신들의 세일즈맨들에게는 나가서 방문을 하라고 강요한다.

만일 '잡상인 출입 금지'라는 표지판이 붙어 있다면, 대부분 표지판의 목적은 세일즈맨에 대한 경고다. 만일 당신이 뭔가 가치 있는 것을 팔고, 기발한 어프로치를 한다면 누구도 당신을 잡상인으로 보지 않을 것이다. 대신 당신을 전문적인 세일즈맨으로 대접할 것이다.

최종 답 : 다음을 고려하라. 만일 당신이 세일즈 활동을 했다 하더라도 그 회사가 당신을 어떻게 하겠는가? 영업 담당 경찰을 부르겠는가? 복도로 당신을 내던지겠는가? 그리고 만일 누가 "문에 붙은 금지 팻말 못 봤어요?"라고 물어본다면 이렇게 답하라. "물론 봤죠. 저 문맹은 아닙니다. 저는 귀사에 실제적인 가치를 가져다 줄 수 있는 사람이 잡상인이라고 생각하지 않았습니다."

경쟁업체를 물리치는 최고의 방법은?

여러분 모두는 뭔가 마법 같은 답을 바라고 있다. 한 가지가 있다. 그러나 이를 위해서는 일정 수준의 이해가 전제되어야 한다. 그리고 이 짧은 글을 읽고 난 뒤에도 이해를 하지 못할 수도 있다. 이는 매우 미묘하고, 어느 수준의 이해에 도달하기 위해는 지금 당신이 하는 쏟아붓는 노력보다 훨씬 더 많이 노력해야 한다. 그러면 세일즈 거래를 성사시키는 것이 한결 쉬워질 것이다.

경쟁사를 다루는 다음 옵션을 살펴보라. 당신의 이해를 도와줄 것이다. 당신은 이미 이 모든 옵션을 알고 있다. 속속들이 알고 있다.

다음을 고려해 보라.

1 경쟁을 은근히 이겨 내는 것. 경쟁에서 이기려면 커넥션, 내부 정보, 눈에 보이지 않는 전술이 필요하다. 여기에 어느 정도의 정치적 수완까지. 따라서 일면 조작을 요하기도 하고, 어느 정도 교활해야 한다. 상대의 비즈니스를 공략하기 위해서 조처를 취하는 것이 나쁜 일인가? 뭐, 그럴 수도, 아닐 수도 있다. 잠재 고객을 얻기 위해 필요한 술수는 조금 더 복잡하다. 경쟁사를 '은근히' 극복하는 능력이 중요하다. 당신은 이미 이와 관련해서는 형편없는 평판을 갖고 있을 수도 있다. 주의할 점! 당신의 전술이 당신의 윤리를 벗어나서는 안 된다.

2 경쟁하지 않는 것. 나쁜 전략이다. 무조건 나쁘다. 가격을 떨어뜨림으로써 상대를 흔드는 방식? 모두가 지는 상황에서 일회성 승리는

얻을 것이다. 물론 수익도 낮을 것이다. 시장은 악화될 것이고 그 다음 저가를 제시하는 업체가 보나마나 거래를 따 낼 것이다.

3 정면에서 경쟁하는 것. 싸우는 것도 장소가 있다. 그리고 가끔은 싸움을 통해 승자가 결정된다. 끈기는 좋다. 그러나 상대를 악의적인 말로 쓰러뜨리는 것은 지는 포지션이다. 경쟁사과 싸우는 것은 바른 철학이다. 그리고 세일즈는 종종 싸움이다. 그러나 너무나 빈번히 아무 이유 없는 싸움이 발생한다. 일부 싸움은 손실에 대한 끔찍한 두려움에서 기인하고 일부는 성취에 대한 욕망에서 비롯된다. 세일즈에서 고객이 선호하는 싸움은 덜 전투적이지만 고객을 더 도와주고자 하는 욕망에서 나오는 것이다.

힌트 : 경쟁 '속'으로 들어갈 수도 있다. 상대의 장점과 약점을 모두 파악하라. 특히 상품 세일에 있어서는 매우 주효하다.

4 경쟁을 초월하는 것. 이것이야말로 이상적인 방식이다. 이는 당신이 바람직하고 도덕적으로 옳은 길을 선택한다는 가정 하에 도출되는 결론이다. 이렇게 되면 당신이 너무나 뛰어나서 경쟁사는 패배나 수동적인 대응밖에 할 수 없을 것이다. 다음 같이 경쟁을 초월하는 몇 가지의 방법이 있다. 세미나, 고객 소개장, 수익 증대를 통해 가치를 올리는 것이다. 기존고객에게 상품 추천서를 받아서 활용하라. 당신을 대신해서 누군가가 좋게 말해 주는 것은 당신이 직접 남을 깎아내리는 그 어떤 형태의 세일즈보다 더 효과적이다. 당신에게 한 가지 약속을 하겠다. 경쟁을 초월하기 위해 시간과 노력을 투자한다면, 당신이 기대하는 것보다 훨씬 더 많은 결과를 얻어 낼 것이다. 뿐만 아니라 세일즈는 훨씬 더 쉽고 신나는 일이 될 것이다. 일단 당신이 어

느 정도 '초월한' 수준에 도달하면, 당신은 최고에 도달할 발판을 마련한 것이다.

4.5 경쟁을 무시하는 것. 나는 지난 10년을 경쟁을 뛰어넘기 위해 투자했다. 능력을 계발하고 글을 썼다. 경쟁사들은 자신들의 고향에서 내 기사를 구독한다. 나는 그들을 다 알지 못한다. 세일즈와 경쟁은 같은 격언을 공유한다. "네가 누구를 아느냐가 아니라 누가 너를 아느냐." 누군가를 쓰러뜨리려고 노력하는 것보다는 스스로를 향상시키는 게 훨씬 좋다. 나는 '누군가를 밟고 일어서기' 보다는 '내가 최고가 되는 것'을 지향한다. 이것이 정정당당한 승리다. 내가 항상 이기냐고? 꼭 그런 것은 아니다. 그러나 늘 꼭 이긴 것 같은 기분이다. 나는 다음 기회에 늘 준비가 되어 있다는 자신감을 갖고 있다. 그리고 다음 날 일어나 출근을 해서 내 스킬을 더 갈고 닦는다.

에필로그 : 이번 질문에는 간단한 답을 주지 않을 것이다. 대신 팩트와 철학을 제시한다. 이제 선택은 당신의 몫이다. 경쟁사를 어떻게 다룰 것인가? 내 방식에 대해 '멍청하다', '이상적이다', '별로다', '불가능하다' 등 다양한 반응이 있을 것이다. 이런 부정적 반응의 가장 큰 수혜자는 당신을 싫어하는 사람들, 당신의 경쟁자다.

> 경쟁자를 다루는 나의 방식 — 우위를 점하거나, 무시하는 — 은 가장 어려운 길이다. 그러나 효과는 있다. 당신이 앞설수록 라이벌을 무시하기는 더욱 쉬워질 것이다.

재주문을 받을 수 있는 최선의 방법은?

어떤 고객에게서 첫 주문을 받는 순간 당신에 대한 성적 평가는 시작된다. 여기서 세일즈이기에 좋은 점은 바로 학교에서 받는 성적표와는 달리 당신이 채점을 한다는 것이다.

다음 6.5가지 주요 요소에 대해 몇 개나 '그렇다.'고 응답하느냐에 따라 다음 주문이 걸려 있다.

1 정시에 배송이 완료되었는가?
2 모든 약속을 준수했는가?
3 서비스상의 문제는 잘 해결되었는가?
4 서비스 이후 사후 관리를 했는가?
5 (언제든) 당신의 회사에 직원이라면 누구든 찾기가 쉬운가?
6 정기적으로 세일 뒤 고객과 연락을 했는가? 무언가 가치가 있는 메시지를 통해서.
6.5 당신에게 접근하고 또 대응을 끌어내기는 어떤가?

다음을 생각해 보라 : 고객의 의사 표시는 돈을 통해 이루어진다. 고객은 마지막으로 주문을 위해 가진 미팅의 순간부터 이후 재주문이 필요한 순간까지 당신의 성과를 지켜본다. 만일 이전에 당신에게서 구매를 했었다면 거의 절반은 성공한 것이다. 그리고 재주문이란 그 기간 동안 당신의 성과에 대한 성적표라고 볼 수 있다. 기존고객이 당신에게 '뛰어라!' 하고 요구할 때 당신이 '얼마나 높이?' 라고 말할 수 있는 그 높이에 따라 재주문의 운명이 갈린다. 고객을 처음부터 찾으러 발품을 파는 것보다는 이것이 훨씬 쉽다.

최종 노트 : 재주문을 할 때 고객은 가격 인하를 요구할 수 있다. 이때는 당신이 고객에게 제공한 서비스의 질에 비례하여 가격 인하의 폭이 결정될 것이다.

최선의 후속 조처는?

한 단어 : 독창성
두 단어 : 가치를 갖고
세 단어 : 상대의 관심을 얻어라.
네 단어 : 당신의 돈 문제는 무관하다.
다섯 단어 : 경쟁사는 제시하지 않을 다른 것으로.
여섯 단어 : 세일즈를 추진할 수 있는 것을 제시하라.
일곱 단어 : 당신에게 새로운 아이디어가 있다고 당신의 고객에게 말하라.
여덟 단어 : 내일 아침에 하나의 패키지가 사무실로 갈 것이라고 말하라.
아홉 단어 : 상대의 사무실을 떠나기 전에 확실히 다음 약속을 고객과 잡아라.
아홉 개 하고 반 단어 : 당신을 형편없는 놈으로 보이게 할 그 어떤~ 행동도 절대로 하지 마라.

후속 작업의 핵심은
똑똑하고 독창성 있게 하는 것이다.

현명한 세일즈맨은 직접 또는 전화를 통해 확실히 후속 조처 약속을 잡지 않고는 결코 제안서를 발송하지 않는다. 우선 서류 작업이 이루어지고 합의에 도달해야 한다. 무언가 당신을 거래에 더 한 발짝 다가설 수 있게 하는 것이 있어야 한다. 고객이 당신에게서 구매를 원한다는 흥미가 어느 정도 나타나야 한다. 그리고 약속을 잡아라. 당신은 엘리트 세일즈맨이다. 왜냐하면 대부분의 세일즈맨은 (당신을 포함해) 제안서를 보내고 후속 조처를 한다. 이는 처량하기도 하고 우습기도 한 행동이다.

독창적인 세일즈맨이라면 구매자의 관심을 끌 행동을 하고 긍정적인 반응을 끌어낼 것이다.

고객 중에 헌신적인 아버지이자 할아버지인 사람이 있다. 그는 그의 자녀를 아끼고, 손자들을 매우 사랑한다. 어떻게 아느냐고? 어느 날 가족에 대해 대화를 나누다가 우연히 우리 둘 다 딸 셋에 손녀가 셋이라는 사실을 알게 되었다. 나는 뉴욕의 한 서점에서 아동 도서를 몇 권 샀다. 저자가 직접 서명한 책으로, 디자인과 스토리 부문에서 상을 받은 책이었다. (그는 손녀들에게 책을 읽어 주는 것을 좋아한다.) 그에게 손녀 숫자에 맞춰서 책 세 권을 선물했다. 일반적이고 거래 냄새가 물씬 풍기는 선물로는 이보다 더 깊이 있는 반응을 이끌어 낼 수 없었을 것이다. 관계가 돈독해졌냐고? 당근! 나는 똑같은 선물을 내게도 했다. 그래서 손녀들에게 책을 읽어 줄 수 있었다.

살펴 볼 노트 : 나는 거래를 목적으로 선물을 한 것은 아니다. 그는 이미 내 고객이었다 나는 우리의 우정을 위해 선물을 했다. 후속 조처는 단순한 판매가 아니다. 후속 조처는 놀람, 관심, 관심 기울이기, 타인의 입장이 되어 보기 등이다. 자신의 한 말을 그대로 실천하는 것이 바로 후속 조처다.

가치를 부가시키는 방법은?

어느 정도 함정이 있는 질문이다. 모든 회사는 어느 정도의 반만 완성된 '부가가치' 프로그램을 만들어 내려고 애쓴다. 이 프로그램을 설명할 수 있는 세일즈맨은 없다. 이 프로그램은 회사가 세일즈에 '부가' 시킨 여러 잡다한 것으로 이루어져 있지만 실제 고객과는 전혀 상관이 없다. (고객에게 가치를 주는가 여부를 차지하고 그렇다.)

당신이 주문을 따 내려고 노력하고 있다면, 부가가치를 만들어 내기에는 늦은 감이 있다. 또한 동기부여로도 약한 면이 있다. 그러나 만일 당신이 나와 경쟁하게 된다면 결코 이길 수 없을 것이다. 내 세일즈 철학은 늘 충분한 가치를 생산해서 관심의 법칙을 작동시키는 것이다. (여기서 전화를 하는 사람은 내가 아니라 고객이다.) 당신이 제공하는 제품이나 서비스가 이만큼의 부가가치를 가졌다고 고객이 '믿게' 만드는 일은 당신이 할 일이다. 나는 사람들이 구매를 하게 만들고 싶다.

사람들을 믿게 만들기 위해서는 당신이 부가한 가치를 어떻게 설명하는지 당신의 설명 방식을 우선 검토해 볼 필요가 있다. 그리고 당신이 가치를 제안하는 방식을 바꾸어 볼 필요가 있다. 가치 구조를 보라. 그리고 '부가가치'와 비교해서 내게 말해 보라.

비즈니스 세일즈 업계 용어가 아닌 것 가운데 실제로 부가가치를 주는 실질 가치의 예를 보여 주겠다.

- 가치를 가져오라.
- 가치 있어라.
- 가치를 주입하라.
- 가치를 제시하라.
- 가치 제공자.
- 먼저 가치를 주라.

가치를 먼저 제공한다는 것은?

가치 우선이 의미하는 바는 고객이 이미 구매했다는 것이다. 나는 구매자의 입장에 서고 싶다.

1992년 3월 23일 이후 가치를 먼저 주는 것의 콘셉트를 이해하고 이제껏 이 콘셉트 덕분에 많은 이들을 만났다.

이날 처음으로 내 칼럼이 《샬롯 비즈니스 저널(Charlotte Business Journal)》에 실렸다. 그날 이후 1,500개가 넘는 세미나를 했고, 75만 부의 책을 팔았고, 수백만 달러의 수익을 올렸다. 단 한 건의 세일즈 방문 없이도 세계에서 가장 유명한 세일즈맨의 반열에 올랐다. 그리고 이를 통해 내 세일즈의 첫 번째 규칙을 증명했다. 사람들은 판매의 대상이 되는 것을 싫어한다. 그러나 스스로 사는 것은 좋아한다.

수천 명의 사람들이 매일 내 홈페이지를 방문한다. 수십만 명의 사람들이 매주 내 이-진(ezine)을 구독한다. 그리고 수백만 명의 사람들이 매주 미국 전역에 걸쳐 발행되는 100여 개의 비즈니스 잡지에 실리는 내 칼럼을 읽는다. 내가 하는 일이라고는 나의 미약한 세일즈 지식, 세일즈 지혜, 세일즈 아이디어를 무료로 공유하는 것이다.

이 모든 것으로 내 사무실 전화는 불이 날 정도다. 전화가 먹통이 될 만큼 전화를 많이 받는다. 내가 공유하는 마케팅 전략은 그 어떤 교재에도 나와 있지 않다. 그러나 만일 공증을 받거나 시장의 반응을 이끌어 내는 데 있어서 광고가 칼럼보다 낫다고 주장하는 마케팅 전문가가 있다면 나는 그의 주장에 대해 이의를 제기한다. 그들의 방식보다 100배는 더 많은 반응과 1,000배는 뛰어난 영업의 단서를 받게 될 것이다. (당신을 포함해) 내 글을 읽는 사람들은 더 많이 읽기 위해 기꺼이 지갑을 연다.

수백만 달러짜리 마케팅 전략은 다음과 같다.

> 나는 내게 "예스!"라고 답할 사람 앞에 선다. 그리고 가치를 우선 전달한다.

마케팅 회사나 광고회사 중에 '가치 우선' 캠페인을 벌이는 기업을 보기 힘든 이유 중 하나는 무료로 무언가를 준다는 콘셉트를 이해하지 못하기 때문이다. 개인적으로 그들의 전략에 동의한다. 왜냐하면 그들이 그런 생각을 고집해야만 나는 수백만 달러를 벌어들일 수 있기 때문이다. 만일 그들이 내 방식대로 움직이기 시작하면 나는 이제 경쟁을 해야 한다. 현재로는, 그들이 일을 하는 방식을 보면 나는 그냥 웃는다. 볼 때마다 웃는다. 내 전화벨이 울릴 때마다 웃는다. 그리고 은행으로 향할 때 가장 신나게 웃는다.

행동 : 이메일 주소를 모으기 시작하라. 다음 주부터 주간 이메일 매거진을 발행하라. 당신의 고객이 당신을 전문가로 여길 수 있도록 글을 쓰기 시작하라. 단순히 전시회에 참석하는 데 의미를 두지 말고 연사로 참여하라. 그러나 당신의 목표가 세일즈 승자라면 가치를 먼저 주는 것은 당신이 선택할 옵션이 아닐 수도 있다. 이 페이지에는 하나의 답 이상을 포함하고 있다. 삶의 철학과 성공 전략이 그것이다.

더 유용한 질문을
만드는 방법은?

고객에게 유용한 것이 무엇인지를 파악함으로써, 그리고 고객이 스스로에 대해 생각하게 만들고 당신의 방식으로 대응할 수 있는 질문을 함으로써 가능하다.

예를 들어 당신은 옷가게의 직원이다. 손님이 당신의 가게에 들어왔다. 당신은 물어본다. "당신의 옷을 남들이 보고 어떤 생각을 하면 좋겠어요?" 고객이 답을 할 것이다. 그러면 당신은 또 묻는다. "지금은 어떻게 생각할까요?" 고객이 뭐라고 답을 할 수도 있다. 그러나 아마 작게 속삭일 것이다. 이제 당신이 회심의 일격의 질문을 차례다. "고객님이 원하시는 룩을 연출할 수 있는 옷 몇 가지 골라 드려도 되겠습니까?"

이런 질문이 "무엇을 도와드릴까요?"보다 훨씬 낫다. 그리고 이런 방식으로 고객에게 다가서면 옷가게에서 손님들이 가장 신경을 쓰는 부분, 바로 그들의 이미지와 관해 손님이 당신에게 귀 기울이게 만들 수 있다.

다음은 다른 예다. 당신이 부동산 중개업자라고 가정하자. 한 가족에게 집을 보여 주려고 한다. 그중 주부에게 질문한다. "부엌 창을 통해 무엇을 보고 싶나요?" 이런 질문은 그들을 감동시킬 것이다.

이전에는 뭔가 멍청한 질문을 했을 수도 있다. 예를 들어 예산이 어느 정도신가요?" 내 생각에 그런 질문은 그들의 사생활 침해다. 그리고 당신과 무관하다. 물론 그들 스스로 그런 정보를 내 놓는 경우는 얘기가 다르지만.

최종 노트 : 유용한 질문을 만들기 위해서는 잠재고객이나 고객의 머릿속에서, 마음속에서, 무엇이 중요한지를 간파해야 한다. 단순한 세일즈나 돈과는 무관한 질문을 하는 것이 열쇠다. 돈과 관련된 질문은 '계량 질문'이라고 잘못 명명되어 왔다. 실제로는 '사생활 침해 질문'이라고 해야 한다.

공식 : 유용한 정보가 많을수록 유용한 질문을 만들 수 있을 것이다. 유용한 질문을 유창하게 물어 보는 능력이 발전할수록 당신의 은행계좌에 잔고는 늘어날 것이다.

세일즈 후의 세일즈란?

배송 완료 시점이 다음 세일을 위한 관계 형성이 시작되는 지점이다.

이 답은 "재주문을 받을 수 있는 최선의 방법은 무엇인가?(질문 45)이다. 그러면 충성 고객이 무엇인지 이해하게 될 것이다.

미국 기업들의 최대 실패의 원흉은 (그렇다. 불법적인 회계 관행보다 더 큰 원인이다.) 기존의 고객들과 세일즈 메시지를 통한 커뮤니케이션 능력의 부적절성에 있다. 세일즈를 한 뒤 또 세일즈를 원한다면, 연속성이 있어야 한다. 가치 있는 메시지가 매주 연속적으로 있어야 한다. 그래야 당신의 가치를 증명할 수 있고, 당신의 선의를 보여 줄 수 있고, 이는 몇 주가 지나도 지속되어야 한다.

그들의 마음속에 당신은 물론 회사의 이름도 항상 떠오르게 만들 수 있다. 나는 이를 '심리의 정상 차지' 라고 부른다. 그러나 내 생각에 다른 회사도 이 정도는 다 한다고 생각한다. 이런 심리의 정상 차지를 당신과 고객의 관계에 대한 인지된 가치와 고객이 연결 지어서 인식하게 만드는 경우에는 고객은 다음 거래가 필요할 때는 당신에게 먼저 연락을 해서 거래할 가능성이 매우 높다.

최종 답 : 세일즈 후의 세일즈란 재 주문을 의미하는 것이 아니라 재 주문을 보장하기 위해 당신이 취하는 일련의 행동을 의미한다.

왜 고객은 취소를 하는가?

구매자의 후회는 세일즈에서 가장 크지만 언급이 되지 않는 딜레마 가운데 하나다.

큰 주문을 따 냈다. 이틀 뒤 이메일이나 팩스를 받게 된다. 절대 전화로는 아니다. 주문을 취소한다는 내용이다. 심지어 고객에게 확인 전화도 했는데 어찌된 영문인지 몰라도 책임자가 지구상에서 증발해 버렸다.

차, 집, 피아노, 보트와 같은 고가 제품의 경우 이런 일이 특히 더 자주 발생한다. 감정적으로 구매를 결정한 제품들이다. 구매를 결정하고 고객은 집에 가서 생각을 해 본다. 그리고 자신이 감당할 수 없는 충동구매를 했다는 결론을 내린다. (혹은 실은 원치 않는다는 결론을 내리기도 한다. 혹은 누군가에게 그렇게 설득을 당하기도 한다. 혹은 아내나 남편과 다투고 나서 내린 결론이다.)

정부도 이 구매자의 후회 딜레마에 대해 알고 있다. 그래서 법으로 아무런 벌금 없이 구매 결정을 번복할 수 있게 명시해 놓았고, 모든 소매 계약서에는 '3일 안에 취소 가능'이라는 조항이 들어가 있다.

일부 우둔한 세일즈맨들은 이를 오히려 활용한다. 그래서 세일즈 중에 고객의 머릿속에 취소가 가능하다는 사실을 상기시키기도 한다. 그들이 해야 하는 일은 고객에게 긍정적인 요소를 강화시키고 고객이 후회를 하게 되면 어떻게 대응할지 준비를 하는 것이다.

당신이 이렇게 하지 않는 이유는 겁쟁이기 때문이다. 당신은 고객이 마음을 바꿀까 봐 이런 이야기 자체를 하지 못한다.

그럼 어떻게 하는가? 고객에게 집에 도착하면, 가격 적절성에 대해 생각해 보라고 말하라. 혹은 다른 데서 더 싸게 살 수 있는지 생각해 보라고 하라. 혹은 남 얘기 듣고 구매를 결정했는지 생각해 보라고 하라. 그리고 각각의 경우 어떻게 행동할지 말해 주라. 그들의 아이디어를 보강하는 데 도움이 될 리스트를 제공할 수도 있다. 아니면 엉터리 이유로 구매를 취소하는 사람들에 관해 당신이 제작한 CD를 줄 수도 있다.

비결 :
> 핵심은 왜 그들이 구매를 애초에 결정했는가를 상기시키는 것이다.

그 어떤 세일즈 테크닉도 사용하지 말고 구매 이유를 강화시켜라. 구매에 관련된 고객의 논리적 감성적 이유를 확실히 다 커버하라. 둘 중에 하나만 신경 쓸 경우 거래를 잃을 가능성이 높다.

슬럼프를 탈출하는 최선의 방법은?

다음의 4.5가지의 질문을 주목하라.

1 지난 6개월 동안 시장 상황에서 바뀐 것이 무엇인가?
2 지난 6개월 동안 경쟁 조건 중에 바뀐 것이 무엇인가?
3 최근에 5건의 거래를 성사시키지 못한 이유가 무엇인가?
  (진짜 이유, 가격 말고.)
4 처음 일을 시작한 첫 달 만큼 열심히 일하고 있는가?
4.5 여가 시간에 자기 계발을 위해 무엇을 하는가?

대부분 슬럼프에 빠진 세일즈맨은 자신의 행동이 슬럼프의 원인이다. 슬럼프를 탈출할 충분한 노력을 하지 않는다. 물론 영업 활동은 열심히 하지만 슬럼프를 벗어나기 위한 시도는 하지 않는다.

> 일부 세일즈맨은 단순히 운 탓을 한다. 내가 멘토에게 배운 것 가운데 하나는 열심히 일을 하면 운도 만들 수 있다는 것이다.

사소한 것부터 점검하라. 일하는 습관, 고집, 현재의 태도, 거래를 성사시킬 때의 태도, 당신이 건 전화에 대해 답을 끌어내는 능력, 직접 대면 미팅을 하는 능력 그리고 퇴근 뒤에 무엇을 하는지…….

이제 큰 그림을 보자.

야구선수나 골프선수가 슬럼프에 빠지면 그들을 특별한 강습을 받거나 훈련 시간을 늘린다. 당신도 지금 그렇게 하고 있는가?

최종 답 : 왜 슬럼프가 발생했는지 원인을 찾아내면 진짜 회복을 위한 첫걸음을 뗀 것이다. 두 번째 할 일은 예전보다 더 긍정적인 태도를 견지하는 것이다. 당신의 머릿속에서 긍정적인 면을 강화하고 부정적인 면은 패자에게나 던져 주겠다는 태도를 가지면 슬럼프의 기간을 단축할 수 있다.

반드시 극복할 것이라고 믿어라.
그리고 실천하라, 마치 이미 극복한 것처럼.

세일즈맨이 저지르기 쉬운 가장 큰 실수는?

1 돈 때문에 세일즈하는 것

당신이 하는 일을 사랑해야만 한다. 그렇지 않으면 스스로가 세운 목표는 말할 것도 없고 회사가 당신에게 내어 준 목표 ― 할당이라고 알려져 있는 ― 달성은 요원하기만 하다. 만약 당신이 세일즈맨이 된 이유가 돈 때문이라면 지금이라도 직업을 바꿔라. 차라리 변호사가 낫다. 아니면 정치인이라도.

2 성공의 핵심은 바로 다름 아닌 태도에 있다는 사실을 간과하는 것

세일즈에서 성공하려면 '나는 할 수 있다.'는 마음가짐이 제일 중요하다. 세일즈 미팅에 들어갈 때는 긍정적인 기대로 무장해야 한다. 또한 '잘될 것이다.'라고 생각해야 한다. 즉 세일즈에 들어가기 전에 반드시 긍정적인 태도를 갖추는 것이 필수다.

3 스스로 책임지지 않고 남을 탓하는 것

일이 틀어졌을 때 타인을 원망하는 것은 쉽다. 회의에 오지 않는 사람, 약속을 어기는 사람, 제품을 배달하지 않는 사람, 자기 맡은 바 준비를 하지 않는 사람 등. 큰 실마리 : 만일 거래를 성사시키기 위해서 다른 사람에게 의지해야 한다면 그 사람이 자기 맡은 일을 제대로 했는지 확신하기 전에도 당신은 그들의 행동을 따라가야 할 책임이 있다. 대부분의 실패는 실행 자체의 미숙보다는 미흡한 의사소통에서 기인한다.

4 책임을 지는 대신에 상황을 탓하는 것.
컴퓨터가 고장 났어요, 전화가 불통이에요, 트럭이 고장 났어요, 페덱스(FedEx)가 배달을 못했어요. 차라리 강아지가 과제물을 먹어 버렸다고 말하는 초등학생의 말이 더 그럴 듯하게 들린다. 차라리 초등학교 3학년으로 돌아가라. 당신이 그때 했던 말도 안 되는 변명들을 하라. 그러나 그때는 그런 허술한 변명이 큰 문제가 되지는 않았다. 상황이나 사물 탓을 하는 것은 당신이 무능력한 멍청이라는 것을 이마에 써 붙이는 것과 다를 바 없다. 이제는 "페덱스가 배달해 주지 못했지만, 제가 경쟁사에 가서 부품을 사 왔거든요. 오늘 아침까지 제가 책임을 지고 배송해 드리겠습니다. 그러면 제 시간에 받으실 거예요."라고 말하는 게 낫다. 멋지지 않은가!

5 상대가 사고 싶게 만드는 것이 아니라 자신의 제품을 팔려고 하는 것.
너무나 많은 세일즈맨들은 자신이 누구인지, 하는 일이 뭔지를 설명한다. 이들이 간과한 것은 잠재고객들은 그런 설명을 이미 스무 번은 들었다는 점이다. 내가 생각할 때 세일즈 인터뷰(세일즈 프레젠테이션이라고 잘못 알려져 있다.)의 75%는 질문이어야 한다. 질문에 대답하면서 잠재고객들은 스스로 자신이 얼마나 그 제품이 필요한지, 이제까지는 해당 제품에 대한 어떤 인식을 갖고 있었는지, 왜 당신의 제품이 최고인지, 어떻게 하면 지금 당장 당신의 제품을 구매할 수 있는지를 자연스레 깨닫게 된다.

5.5 자신이 판매하는 제품에 대한 충분한 신념이 없는 것.
놀랍게도 자신의 제품과 서비스에 대해 확신이 있는 세일즈맨이 많지 않다. 오전 6시 정각에 열린 세일즈 트레이닝 미팅에서 30명의 자동차 세일즈맨에게 질문을 했었다. 여러분 중 자신이 판매하는 브랜드의 차를 가진 분이 얼마나 되는가요? 절반만 손을 들었다. 나는 손을 들지 않은 나머지는 방에서 나가 주시기 바란다고 말했다. 자신이 소유할 만큼 제품을 믿지 않는 사람이 물건을 팔 수 있는 방법은 없다. 만일 당신이 판매하는 제품을 갖고 있지 않다면 세일즈 품목을 바꿔라.

세일즈맨들은 무수한 실수를 한다. 가격을 지나치게 빨리 말하거나, 잘못된 후속 조처를 하거나, 무용지물이 돼 버린 세일즈 테크닉을 쓰는 데 시간을 허비하거나, 친절하지 않거나 등등 다양하다. 그러나 만일 당신이 앞에서 언급한 5.5개의 실수를 주의한다면, 당신이 상상하는 것보다 훨씬 많은 거래를 성사시킬 수 있을 것이다. 그리고 깊은 신념을 기반으로 만들어진 거래는 단순한 거래를 넘어 하나의 관계로까지 발전될 수 있다.

치명적인 세일즈 오류 12.5개

25년간 세일즈 트레이닝을 해 오면서 나는 내게 "제프리, 세일즈를 못했어요. 다 제 잘못이에요."라고 말하는 세일즈맨은 단 한 명도 보지 못했다.

세일즈맨들은 자신이 세일즈 환경을 만들지 못했다고 생각하지 않고, 다른 사람이나, 환경, 사물에 책임을 전가하는 치명적인 오류를 범한다. 그리고 이런 오류는 이중 위험이 있다. 하나, 당신은 잘못된 대상에게 책임을 지우고 있다. 둘, 책임을 지는 대신 남 탓을 한다. 그래서 개선을 가져올 시급한 트레이닝의 기회를 놓치고 만다.

나는 12.5개의 치명적인 세일즈 오류를 발견했다. 왜 세일즈맨이 세일즈를 못하는지를 보여 주는 것들이다. 5개는 이 책에 있고, 7.5개는 홈페이지에 있다. 만약 당신이 이 책에 나온 5개에 동의를 하고 고쳐야겠다고 생각하면서도 내 홈페이지에 들어가 나머지 7.5개를 확인하지 않는다면 그것이 바로 첫 번째 치명적인 오류가 될 것이다. 고통스럽겠지만, 단순히 읽는 데서 그치지 말고 자신의 등급을 매겨 보는 것이 어떨는지.

그리고 효과 극대화를 위해 각각의 오류 아래에 '무오류' 치료법을 달아 놓았다. 원인은 당신 자신에게 있다는 사실을 인정할 수 있을 때까지 반복해서 읽기 바란다, 꼭!

이 중에서 몇 개가 당신에게 치명적인가? 읽어 가다가 개선하기를 원하는 오류 옆에는 빨간색 펜으로 'F'라고 적으라.

1 애완견이나 꼭두각시, 심지어 인질이 된다.

"브로슈어를 보내 주세요." "제안서를 보내 주시오." "네, 보내 드리겠습니다." 세일즈맨들은 상대에게서 어느 정도의 약속을 받아 내거나 다른 아이디어를 제안하기도 전에 기꺼이 요청을 수락한다. 무오류 : 브로슈어를 보낼 때 약속도 함께 잡아라. 제안서 요청을 받으면 당신의 선택에 유리하게 조건을 몇 개 수정하라.

2 부탁하기 전에 말한다.

의사들이 출신 학교를 먼저 말하는가? 그렇지 않다. 의료 영업을 한 지 얼마나 되었는지 말하는가? 그러지 않다. "어디가 아프세요?" 하고 묻는다. 무오류 : 구미가 당기는 질문을 하라. 고민과 감정을 드러낼 질문을 하라. 당신의 라이벌은 묻지 않을 질문을 하라.

3 제공될 서비스에 대해 구두 합의를 한다.

잠재고객이 거래의 결과에 대해 당신보다 더 큰 기대를 갖게 하는 것보다 더 치명적인 오류는 없다. 잠재고객이 "~라고 말하신 것 같은데."라고 말하면 그 다음에 따라오는 말이 뭐든 상관없이 이는 문제다. 무오류 : 합의된 사항은 반드시 문서화하라. 그리고 모든 약속과 조건을 읽어 줘라.

4 경쟁사에 대해 부정적으로 말한다.

"정말 몹쓸 회사들이죠." 하고 싶은 말이 뭔가? 경쟁사를 무시하는 것은 누워서 침뱉기다. 무오류 : 경쟁사에 대해 말할 때는 항상 '업계 기준' 혹은 '저의 경쟁사는'이라고 칭하라.

5 "제가 보낸 책자 받으셨나요?" 하고 팔로우 업을 하고 "혹시 그와 관련해서 질문 있으신가요?" 하고 물어본다.

세일즈맨은 이렇게 질문함으로써, 자신이 보다 더 전문적이고 도움을 주는 것처럼 보일 것이라 생각한다. 그러나 실제로 그는 성가신 존재가 되고 멍청해 보인다. **무오류** : 아이디어를 말하고 현명한 질문을 하라.

레드 비트 정보 7.5가지 다른 방법에 대해서는 알고 싶으면 www.gitomer.com에 가서 등록하고 Red Bit 박스에 FATAL FLAWS라고 친다.

비즈니스 런치에 포함시켜야 할 것은?

4.5 종류의 비즈니스와 관련된 점심이 있다.

1 관계를 만들 목적의 점심.
2 아직 구매 의사가 없는 잠재고객과의 점심.
3 구매할 준비가 된 잠재고객과의 점심.
4 관계를 쌓을 기존고객 혹은 구매 준비가 된 기존고객과의 점심.
4.5 훌륭한 음식.

적어도 점심시간의 3분의 1은 관계 형성에 할애해야 한다. 가능한 한 서로 공통된 관심사에 대해 이야기하라. (골프, 스포츠, 대학, 고향) 서로 알고 있는 고객이나 비즈니스에 대해 대화하라. 구체적인 당신의 목표에 대해 이야기하라. 만약 비즈니스에 대해 이야기할 시간이 없었다면 그 점심은 매우 성공적인 점심이었다. 왜냐하면 공통 관심사에 대해 이야기하며 좋은 시간을 보냈다는 말이기 때문이다.

아이디어 : 사방으로 통하는 점심. 고객이 당신에 대한 소개장을 갖고 나오게 하라. 당신도 고객을 위한 소개장을 갖고 나가라. 당신이 상대를 위한 소개장을 갖고 나가지 않는다면 고객은 소개장을 갖고 나오기를 꺼릴 수도 있다. 이는 좋은 시나리오다. 한두 번 시도해 보라.

비즈니스 골프는 어떻게 하는가?

아무 세일즈맨이나 붙잡고 물어보라. 어디서 세일즈를 주로 하는지. 사무실? 골프장? 골프장이 99대 1로 압도적이다. 홀인원이다! 자! 언제가 주문에 대해 물어보기가 좋은지를 아는지 물어보라. 그러면 모두들 더블 보기를 받을 것이다.

골프웨어를 입고 있어도 당신의 성격은 변하지 않는다. 이는 고객을 파는 것이 아니라 고객이 당신을 사는 문제다. 만약 골프장에서 무언가를 팔고자 한다면 상품은 바로 당신이다.

골프를 하는 동안 고객이나 잠재고객이 당신에 대해 알게 되는 것은 다음과 같다. 이 사람과 골프를 칠 수 있을까? 이 사람 참을 만한 사람인가? 피차 마찬가지다. 이 사람 괜찮은가? 이 사람 신뢰할 수 있을까? 공통점이 있나? 이 사람 성격은? 이 사람의 윤리관은?

이 사람이 이 일을 얼마나 중요하게 여기나? 여기서 중요하게 깨달아야 할 점은 양측 모두가 골프를 치면서 서로를 판단한다는 것이다. 당신의 기질, 윤리관, 매너와 외모까지. 당신의 언어, 음주, 규칙을 지키는 능력, 스포츠맨십 등은 관계를 만들고 비즈니스를 성사시키는 데 있어서 결정적인 역할을 하는 요소들이다.

해야 할 일 : 티오프 한 시간 전에 티 연습장에서 만나라. 과일, 머핀, 커피, 오렌지 주스, 간단한 먹을거리를 가져가라. 한 30분 정도 공을 치고 몸을 풀면서 당신의 잠재고객에 대해 알아 가라. 그 다음 연습

그린으로 가라. 모래 밖에서 공을 몇 개 쳐라. 퍼트를 몇 개 놓치라. 이제 당신은 준비가 됐다. 고객도 마찬가지다. 이제 첫 티를 칠 준비가 됐다.

당신의 고객과 함께 공을 칠 사람을 전략적으로 선택하라. 가장 좋은 상대는 당신의 잠재고객의 고객이다. 그렇게 되면 골프장에서 모든 사람이 비즈니스를 할 수 있게 된다. 반드시 네 명이어야 할 필요는 없다. 여유 있게 라운드를 하라. 나는 첫 티를 칠 때 가장 좋은 골프공을 주는 것을 좋아한다. 기분을 좋게 할 뿐만 아니라. 분위기도 띄울 수 있다. 그리고 골프 카트는 당신의 잠재고객에 비서나 아랫사람과의 대화를 통해 당신이 알아낸 엄선된 그들의 스낵과 음료로 채워라.

첫 나인 홀을 돌고 골프 이야기만 하라. 골프가 바로 당신의 공통점이다. 당신이 가장 잘한 라운드나 당신이 가장 잘 친 샷, 잘 알 것이다. 골프 이야기.

그리고 뒤의 나인 홀을 나는 비즈니스 나인(business nine)이라고 부른다. 당신이 첫 나인 홀에서 충분히 분위기를 만들었다면 이번 나인 홀에서 비즈니스에 대해 대화하는 것은 쉬울 것이다.

주의 : 당신의 동반자는 스코어를 기억하지 못할 것이다. 그러나 당신이 만약 세 번째 홀에서 속임수를 썼다면 그건 기억할 것이다.

최종 답 : 여기서 명심해야 하는 것은 반드시 당신의 최고의 면을 보여 주는 것이다. 당신의 정직함, 당신의 윤리성, 당신의 서비스 정신, 당신의 우정, 당신의 재미. 이 모든 것이 다 함께 어우러져 비즈니스를 함께 할 수 있게 정지 작업을 할 것이다. 단, 당신의 비호감적인 면은 절대 보여 주지 말아야 한다.

고객이 전화를 걸어 불같이 화를 낼 때 대처하는 법

"죄송합니다." 빼곤 뭐든 좋다.
"사과드립니다."라고 말할 수 있다. 그러나 고객이 찾는 것은 당신의 사과가 아니다. 어떻게 됐는지 당신의 입장에서 설명을 시작할 수도 있다. 그러나 그것도 고객이 찾는 것은 아니다. 다른 대상이나 사람에게 탓을 할 수도 있다. 그러나 그것 역시 고객이 찾는 대답이 아니다.

> 고객이 찾는 것은 두 가지다. 당신이 개인적으로
> 자신에게 신경을 쓰고 있는지를 알고 싶어 하고, 상황을
> 어떻게 해결할지 알고 싶어 한다.

가장 좋은 사과 방법은 우선 고객이 마음껏 화를 분출하도록 내버려 두는 것이다. 끼어들지 마라. 그냥 불만을 받아 적고 수긍하는 태도를 보여라. 당신이라도 화가 났을 것이라고 말을 해도 좋다. 그 다음 고객에게 얼마나 급한 일인지 물어보라. 내일까지 해결해야 하는가? 아니면 오늘까지? 혹은 어제까지 해결했어야 했는지?
대부분의 경우 고객은 그 문제가 어제까지 해결됐어야 했다고 말할 것이다. 자, 이것이야말로 당신의 고객의 뇌리 속 당신을 또렷이 기억할 수 있게 만드는 기회다. 그저께 고객에게 가는 것이다. (농담이

다.) 현실에서 얼마나 문제가 시급한지가 당신의 문제 해결을 위한 대응 행동을 결정짓는다. 당신은 지금 일촉즉발의 상황에 있고 자칫하면 고객을 잃을 수 있다는 사실을 인지하라. 따라서 당신이 취할 행동은 긍정적인 것이어야 한다.

흥미로운 점은 대부분의 대기업은 기억할 만한 회복을 가로막는 엄격한 정책이 있다는 점이다. 인보이스가 필요하다거나 고객 번호가 필요하다거나 반송 배송 승인이 필요하다거나 혹은 어떤 이유든 성난 고객이 결코 듣고 싶어 하지 않는 정책들이 있다.

최종 답 : 고객이 듣고 싶어 하는 말을 하라. 사과의 표현을 하고 얼마나 불쾌한지 이해한다고 말하라. 문제 해결을 위해 담당자를 만나겠다고 말하라. 그리고 24시간 안에 해결하겠다고 말하라. 비난, 변명, 드라마는 필요치 않다.

에필로그 : 그 다음에는 개인적으로 전화를 하라. 그리고 감사의 카드를 보내라. 이로써 회복 완료. 다음 주문을 위한 길을 닦은 것이다. 때로 훌륭한 추천서를 한 장 받게 될 수도 있다.

나는 사람들이 나한테 욕을 하는 게 좋아. 왜냐하면 그건 우리가 뭔가를 망쳤다는 거고 나는 이제 회복할 수 있는 기회를 얻은 거잖아.

잠재고객이 최저 가격을 원할 때 이를 방지하는 법은?

세일즈맨들이 영업에서 듣는 가장 큰 거절의 이유가 '가격'이라고 말할 때마다 1달러씩 받았다면 나는 큰 부자가 됐을 것이다. 가격은 복잡한 거절이다. (나는 가격을 장벽이라고 부른다.) 여기에는 실제 니즈, 가격의 적절성, 숨겨진 아젠다, 가치, 잠재고객의 인식, 잠재고객의 거짓은 물론 당신의 커뮤니케이션, 증명 능력, 차별화된 능력, 세일즈맨의 가치 측정을 모두 아우르고 있다. 가격 반대를 접했을 때 좋은 뉴스는 실제로 가격 반대가 종종 구매 신호를 가장한 것이라는 점이다.

가격 문제의 핵심은 많은 세일즈맨들이 자신의 회사 것이 경쟁사와 같거나 높다고 생각한다는 점이다. 다행히도 이 상황을 쉽게 개선할 수 있는 두 가지 방법이 있다. 당신의 생각을 바꾸거나 회사를 바꿔라.

가격 보전을 위해 당신이 할 수 있는 여섯 가지.

1 당신이 제시하는 가격이 실제 가격이라는 것을 증명하라. "왜 가격이 비싼지 설명 드리겠습니다."

2 높은 가격을 상품 구매의 이유로 활용하라. "최상의 서비스를 받게 될 것입니다."

3 제품 사용 후기 추천서를 적극 활용하라. "우리 제품을 이용하고 만족해하는 세 분의 추천 영상이 있습니다."

4 가격 말고 경쟁 우위에 있는 것을 어필하라. "이 상품은 우리 회사가

특허를 받은 상품으로……."

5 의사 결정 권한이 있는 사람에게 판매하라. "거래 성사 뒤에 귀사의 기대에 부응하는 서비스를 제공하기 위해서는."

6 가격 빼고 모든 것을 팔아라. 품질, 가치, 총체적인 비용으로 시작하라. 만약 당신이 최저 가격을 제시하지 못한다면, 최고의 가치를 제공하라. 최저 총비용을 제시하라. 최고의 상품을 제시하라. 최고의 생산성을 어필하라. (이미 명성이 자자한) 제일 빠른 서비스를 어필하라.

통계적으로 74%의 경우 가격을 낮추는 쪽은 세일즈맨이지 고객이 아니다. 그리고 대부분의 가격 저항도 구매자가 아닌 세일즈맨에게서 비롯된다. 세일즈맨은 이미 시장의 모든 가격을 파악하고 있고 세일즈 프레젠테이션을 할 때 이를 무마하려 든다. 고객은 늘 최저가를 선택한다고 세일즈맨들은 철석같이 믿고 있다. 이는 큰 오산이다.

다음 전술을 시도해 보라 : 만약 당신이 입찰을 해야 한다면 규칙을 바꾸어 보라. 의사 결정자에게 (당신이 직접 말하는 상대가 아닐 수도 있다.) 가격 대신 누가 최고의 서비스를 제공하는지를 기준으로 고려해 달라고 요청하라. 물어보라. "만약 모든 입찰 회사의 가격차가 10% 내외면 최저 가격은 탈락시키고 나머지 중에서 최고를 선택하는 것이 어떻습니까? 최고의 사람들, 최고의 상품, 최고의 서비스." 자, 그들은 늘 "좋습니다."라고 답하지는 않을 것이다. 그러나 그렇게 묻는다고 해서 당신이 손해 볼 게 뭐가 있는가?

다음 전술을 시도해 보라 : 제안서나 입찰서에서 기존고객의 상품이

나 서비스 추천서를 부각시켜라. 구매자에게 입찰자들 모두가 자신이 최고라고 말하고 있다고 말하라. 그리고 그냥 자랑만 하지 말고 증명하게 만들어야 한다고 말하라. 입찰 요건에 다음과 같은 요건 조항을 넣자고 하라. 상품이나 서비스와 관련된 모든 주장은 기존고객들의 평가를 비디오로 녹화해 둔 것으로 증명할 수 있어야 한다.
여기서도 늘 "좋습니다."라는 답을 들지는 못할 것이다. 그러나 그런 제안을 한다고 해서 당신이 손해 볼 게 뭐가 있는가?

> 가격 문제는 세일즈맨이 창의성을 최대로 활용할 수 있게 만든다.
> 가격 문제는 세일즈맨이 자신의 상품과 서비스가 최고라고 믿게 만든다.
> 가격 문제는 세일즈맨이 세일즈를 위해 고객의 제품 추천서를 활용하게 만든다.

최종 생각 : 가격에 대해 제대로 이해하기 위해 꼭 깨달아야 할 것이 있다. 가격은 실제로 당시의 관계나 제품보다는 잠재고객의 돈의 문제다. 따라서 고객의 지갑을 열게 하려면 스스로 그 돈을 쓰는 데 편안한 감정을 갖게 해야 하고, 당신과 거래를 함으로써 얻게 될 이익을 인식시킴과 동시에 고객이 느낄 리스크를 없애야 한다. 당신과 마찬가지로 그들도 자신의 돈을 신중하게 쓸 것이다. 그리고 당신이 늘 제일 싼 것을 사지는 않는 것처럼 그들도 늘 최저가 제품을 구매하지는 않을 것이다.

내 제안서를 눈에 띄게
만드는 법은?

첫 페이지에 제안서의 요약을 해 놓는다. 그렇게 함으로써 고객이 원하지 않는다면 지겨운 제안서를 일일이 다 읽지 않아도 된다.
제안서가 존재하는 가장 큰 이유는 구매자들은 경쟁을 통해 최저 가격(혹은 최고의 거래)을 찾을 수 있다고 생각하기 때문이다.

> 여기서 핵심은 제안서에 앞서
> 스스로를 승자로 만드는 것이다.

조건이나 조항을 만들어라. 그래서 경쟁사들이 입찰 자체에 참여나 입찰을 따 내는 일을 사전에 차단하라.
다음은 전략이다 : 제안서를 요청하면 그냥 "안 됩니다."라고 말하라. 누군가가 내게 제안서를 요청하면 내가 바로 하는 말은 "안 됩니다."다. 그러면 상대는 항상 놀라워한다. 게다가 제안서는 정말 골치 아픈 것이다.
나는 상대에게 그러면 노트도 받느냐고 물어본다. 그러면 그들은 "그러죠." 하고 대답한다. " 그럼 나는 "우선 노트에 사인부터 하겠습니다."라고 말한 뒤 계속 말한다. "이제 우리가 해야 할 일은 언제 시작할지 날을 정하는 것입니다." 그러면 30%의 경우 잠재고객은

"맞습니다."라고 말한다. 그리고 나머지 70%의 경우에 잠재고객은 계속해서 제안서를 요구할 것이다. 그러나 나는 보시다시피 제안서 없이 30%의 거래를 이끌어 냈다. 그리고 여기에는 이유가 있다. 나는 세일즈 배짱이 있고 당신은 없다.

> 제안서는 구매자의 리스크를 낮추기 위해, 그리고 잠재적으로는 비용을 낮추는 목적으로 존재한다.

그러나 최종 평가를 할 때 당신의 잠재고객이 느끼기에 당신의 가격이 공정하고 그들이 부담할 리스크가 낮다고 생각한다면 많은 경쟁 제안서는 나가떨어질 것이다. 낮은 위험에 높은 보상이 기준이라면 답은 늘 분명하다. 당신이 이겼다.

최종 답 : 효과적인 세일즈 프레젠테이션의 결집이 효과적인 제안서다. 제안서는 결정을 굳히는 역할을 해야지 결정을 내리게 만드는 역할을 해서는 안 된다. 또한 제안서는 주고받았던 말과 합의 사항을 담아야 한다. 제안서는 또한 당신이 세일과 관련해 한 모든 주장을 확인시키는 역할을 해야 한다.

당신의 제안서는 어떤가?

상품 추천서를 활용하는 최선의 방법은?

상품 추천서를 가장 잘 활용하는 방법은 비디오 형태의 상품 추천 영상을 세일즈 말미에 틀어 주는 것이다. 이를 통해 당신 자신과 제품에 대해 한 말을 증명하고 당신이 제공하는 서비스가 지구상에서 제일 훌륭하고 적절한 가격을 가졌다는 것을 증명할 수 있다.

이는 간단하게 답한 것이다. 만일 당신이 상품추천서를 기반으로 하여 세일즈를 펼친다면 (내가 생각할 때 이 방법이 세일즈업계에 있어서 가장 강력한 방식이라고 생각한다), 당신은 전체 세일즈 사이클에서 각각의 요소와 단계에 추천서를 받아 내야 한다.

약속을 잡기 어려운 고객에게는 기존고객의 증언이 담긴 CD를 보내라. CD에서 당신의 고객은 "나는 2년 동안 이 친구를 피했습니다. 그게 제가 비즈니스를 시작한 이래 저지른 가장 큰 실수죠. 만약 빌이 선생께 전화를 했다면 사무실로 초대해서 저처럼 빌의 도움을 받아 보세요."라고 말하고 있다. 그래도 약속을 잡지 못한다면 어쩔 수 없다.

상품 추천서를 활용해 질문에 답할 수도 있다. 가격 거절을 극복하는 데에도 사용할 수 있다. "지금 함께하는 업체에 매우 만족합니다." 라는 답에 대해서도 마찬가지다. 그리고 당신이 펼치는 모든 주장과 약속을 확신시키는 데도 활용할 수 있다.

최종 답 : 세일즈와 관련된 상품추천서 대신 당신을 인정하고 아끼는 고객의 증언을 비디오 영상으로 제작한 상품 추천 영상을 활용하라.

경쟁업체의
악의적인 흠집내기와 관련된
고객 관리법

경쟁사와 똑같이 비열해지지 마라.
거짓말을 바로잡기 위해 왈가왈부하지마라.

대신에 "남들의 무책임함에 대해 우리가 책임을 질 수는 없습니다. 우리가 책임을 져야 하는 것은 높은 품질의 상품을 제시간에 배송하고 기억에 남는 인상적인 서비스를 제공하고 고객과 우리 사이에 소중한 관계를 형성하는 것입니다."라고 말하라.
"잠재고객님, 저는 고객님 같은 분이 진실을 발견할 수 있는 최상의 방법을 찾아냈습니다. 그러니까 뭐 단기적으로나 장기적으로 혼란을 가지실 필요 없이, 그냥 기존의 저의 제품을 아끼는 고객들이 제가 하는 말이나 저의 경쟁사가 한 말과 관련해서 어떻게 생각하는지에 대한 답을 담은 비디오 영상을 요청하시면 됩니다. 그리고 이때 우리 회사의 제품을 사용하다가 경쟁사로 옮겨간 고객의 영상을 두 개 요청하시고, 또 경쟁사를 쓰다가 우리 회사로 바꾼 고객의 영상을 두 개 요청하십시오. 내일까지 보내 드릴 수 있습니다. 우리 경쟁사에게 이런 요청을 하시면 뭐라고 대답할지 참 기대됩니다."
좋은 소식 : 경쟁사의 거짓말에 직접적으로 항의하는 대신 이런 방법으로 대응하면 경쟁사가 골탕 먹게 될 것이다.

모든 세일즈맨에게 보내는 노트 : 만일 당신의 주장을 뒷받침하고, 모든 고객의 거절의 변을 극복하고, 경쟁사의 상품을 쓰다가 당신 쪽으로 옮겨 온 사람의 주장을 담은 비디오 영상을 확보하지 않았다면 곤경에 처할 것이다.

가능한 한 빨리 증거를 제공하고,
모든 거절을 극복할 수 있는
비디오 영상을 확보하라.

최종 답 : 경쟁사의 거짓말에 응전하기 위해서는 자신의 명예를 지켜야 한다고 생각한다. 그러나 그렇지 않다. 최선의 방어는 최고의 공격이다. 위에서 언급한 전략의 또 다른 장점은 경쟁사가 귀사에 대해 거짓말 여부와 상관없이 모든 세일즈에 활용될 수 있다는 점이다.

방문 주저증 극복하기

주저함이나 꺼리는 마음은 일종의 두려움이다. 알지 못하는 것에 대한 두려움, 거절에 대한 두려움, 실패에 대한 두려움.

방문을 주저하는 것은 세일즈맨들이 앓는 정신질환의 일종으로, 다음과 같은 변명을 자아낸다. 자신 스스로에게 또 타인에게(대부분은 당신의 상사에게). 그리고 그런 변명을 들으면 난 정말 속이 메스꺼워진다. 왜냐하면

- 당신은 너무 바쁘다!
- 당신의 도움을 기다리는 기존고객이 있다.
- 신제품의 정보를 아직 숙지하지 못했다.
- 회사에서 마련한 교육 프로그램을 참가해야 한다.
- 곧 명절이다 혹은 막 명절이 지났다.
- 너무 이르다. 너무 늦었다. 너무 덥다. 너무 춥다. 즉 변명은 끝없이 만들 수 있다.

생각 :
　　너무 두려워서 세일즈 방문조차 하지 못하겠다면
　　　　　세일즈는 당신의 길이 아니다.

방문을 주저하는 것은 심각한 문제가 아니다. 증상이다. 만약 이 증상을 극복하고자 한다면 원인이 무엇인지 살펴보라. (진짜 원인) 그러면 당신은 당신의 마음을 다스리게 되고 심리전에서 승리할 것이다. 뿐만 아니라 당신의 은행 계좌도 접수할 것이다.

최종 답 : 만약 방문주저증이 스물스물 고개를 드는 기미가 보이면 당장 상황을 역전시킬 수 있는 처방을 시작하라. 스스로를 믿고 행동을 취하라. 자신감을 심어 준 과거의 승리를 다시 기억하고 앞으로 다가올 성공을 마음속으로 그려 보며 앞으로의 성공을 확신하라.

이제 의자에서 일어나 방문을 하라.

감사 카드의 종류

"감사합니다."라고 말하되 뭔가 개인적이고 수신인이 더 많은 것을 기대할 수 있게 해야 한다.

> 짧을수록 좋다.
> 손으로 직접 쓴 것일수록 좋다.
> 개인적일수록 좋다.
> 진심이 담길수록 좋다.

예를 들어 보겠다.

> 조쉬에게,
> 비즈니스를 함께 하게 된 데 감사드립니다. 사장님을 알아 가는 것도 매우 좋았습니다.
> 밥켓 게임 시즌이 시작되면 함께 보기를 학수고대합니다. 우리 두 사람 다 오하이오 주립대를 나왔으니 스티브 스미스의 플레이를 함께 볼 일이 기대됩니다. 마치 응원할 팀이 두 곳이 된 것 같습니다. 첫 배송 시까지 그리고 우리 관계가 더 발전된 궤도에 오를 때까지 계속 연락드리겠습니다.

언제든 연락 주십시오. (근무 시간, 퇴근 뒤, 주말 빼고요. 아, 휴가 때도요.)

제프리 지토머 드림

휴대폰 : 555-555-5555

나는 아무것도 반복하지 않았다.
"다시 한 번 감사드립니다."라고 쓰지 않았다. 감사는 한 번이면 족하다.
나는 곧 연락드리겠다고 두 번 말했다.
내가 배송은 물론 프로세스가 정착될 때까지 신경을 쓰겠다고 안심시켰다.
나는 재미있게 썼다.
개인적인 분위기를 담았다.
내 핸드폰 번호를 주었다.

나의 세일즈 기술은
얼마나 훌륭한가?

당신이 성사시킨 가장 큰 거래가 무엇인가? 큰 거래를 몇 개나 따 냈는가? 요청하지 않은 추천을 몇 번이나 받았는가? 당신의 전화에 답을 한 경우가 몇 번인가? 고객이 취하는 모든 행동은 당신의 기술 성적표다. 스스로는 그렇게 생각하지 않을 수도 있지만 당신 그렇게 잘 나가지 않을 수도 있다.

다음은 어떻게 훌륭한 세일즈맨이 되는지에 대한 방법이다. 물론 지금 당신은 자신이 이미 훌륭한 세일즈맨이라고 생각할 수도 있다.

질문1 : 세일즈를 꽤 한다고 생각하는가? 물론 그럴 것이다. 돈도 잘 벌 것이다. 아마 당신이 속한 팀에서 최고일 것이다. 새 차를 몰고, 여러 혜택도 있고, 사업이 순항 중이다.

질문 2 : 개선의 여지가 있는가? 물론 있다. 당신이 생각하는 것보다 더 많다.

질문3 : 올해 당신의 세일즈 기술과 세일즈 매출을 두 배로 올릴 게임 플랜이 있는가? 어이쿠.

상심하지 마라. 대부분 합당한 플랜이 없다. 또 대부분 두 배 목표는 불가능하다고 생각한다. 이들은 '너무 현명'한 부류다. 이미 모든 답을 안다. 그리고 당신이 잘하더라도 더 나은 사람이 있게 마련이다. 당신은 다만 그들이 당신의 경쟁자가 아니기를 바라는 수밖에 없다.

"좋아. 제프리. 하고 싶은 말이 뭐요? 어떻게 하면 휠~씬 뛰어날 수

있소? 어떻게 두 배를 만들어요?"라고 당신은 묻는다. (두 문장 정도의 만병통치 처방전을 기대하면서) 한 문장으로 답하겠다. **기존고객이 딱 그 고객 같은 신규고객을 물어오게 하라.** 자, 이게 방법이다. 만약 현재의 고객을 유지한다면 당신의 사업은 두 배로 성장할 것이다.

그런데 이건 그냥 답일 뿐이다. 자, 이제 게임 플랜을 주겠다. 이것이 바로 당신에게 필요한 것이다. 이미 입증된 공식. 어떻게 해야 하나. "어려울 것 같은데요. 제프리." 아마 당신은 벌써 신음하고 있을 것이다.

"그렇습니다. 그러나 당신이 경쟁자를 꺾을 수 있다고 보장합니다. 그리고 그 어느 때보다 돈을 더 벌 것입니다. 단, 배우겠다는 자세가 있어야 합니다. 그리고 시도해 보겠다는 자세가 있어야 합니다. 이전과는 다른 차원의 강도로. 배워야 합니다. 새로운 것을 시도해야 합니다. 열심히 일을 해야 합니다. 그러면 나머지는 저절로 다 따라옵니다. 아니, 지갑이 따라온다고 해야 할까요?"

그리고 분명히 말하건대, 이 공식에는 세일즈 테크닉이라는 것은 없다. 이것은 그 자체로 세일즈 기술이 아니다. 이는 성공법이다. 어떻게 성공하는지를 터득하면 세일즈는 훨씬 쉬워진다.

세일즈에 있어서 성공적인 방법을 통해 당신의 철학과 전략을 정립하는 데 도움이 될 것이다. 커미션을 늘리기 위해 세일즈를 하는 게 아니라 돕기 위해 세일즈를 한다는 사실을 인식하는 순간 당신은 더 큰 숫자를 다루는 계산기가 필요할 것이다.

당신의 세일즈 기술을 측정하고 싶은가? 기술 평가를 하려면 www.trainone.com에 가서 샘플 세일즈 평가를 클릭하라. 그런데 당신의

세일즈 능력의 실제 테스트는 당신 곁에 머무는 고객의 수, 재구매하는 고객의 수, 당신을 다른 사람에게 소개하는 고객의 수로 측정할 수 있다.

행동 공식 : 다음은 당신의 판매 기술을 우량에서 우수로, 우수에서 최우수로 향상시키는 10.5 액션이다.

1 긍정적인 태도에 대해 매일 15분간 읽어라. 카네기, 힐, 필의 책을 매일 2페이지씩 읽어라. 당신의 태도가 당신이 하는 모든 일을 결정짓는다. 거기서 시작하지 않으면 당신은 그 어떤 곳에도 도달할 수 없다. (잠깐 자가 테스트 : 만일 당신의 실패의 책임을 자신 이외에 외부에서 계속 찾는다면 당신의 부정적인 태도가 당신을 방해하고 있다.)

2 세일즈 관련 서적을 한 분기에 한 권 읽어라. 독서를 함으로써 당신은 새로운 세일즈 정보를 접하게 된다. 완벽한 참고 서적 리스트를 원한다면 내 홈페이지(www.gitomer.com)를 살펴보라.

3 자기 계발 서적을 분기마다 한 권 읽어라. 세일즈 테크닉만 향상시키려 하지 말고 자아 계발을 하라. 건강한 습관, 개인적인 기술, 개인적 성장, 삶에 대한 이해. 이 분야에 알맞은 책은 나폴레옹 힐의 《놓치고 싶지 않은 나의 꿈 나의 인생》, 데일 카네기의 《인간 관리론》이다.

4 독창성과 관련된 서적을 매 년 한 권 읽어라. 세일즈맨들은 독창성, 열정은 자신들과 무관하다고 여긴다. 남들과 다른 것이 있어야 고객의 관심을 자아낸다. 이것은 학습에 의한 기술 개발이다. 이 분야의 가장 알맞은 책은 마이클 미칼코의 《씽커토이》다.

5 1년에 4회 세일즈 세미나에 참석하라. 스스로 공부를 위해 투자하라. 새로운 것을 배우고 다른 공부하는 사람들을 만나라.

6 차에서 라디오보다 세일즈 CD나 테이프를 두 배 더 많이 들어라. 무언가에 정통하기 위한 방법 중 하나는 반복이다. 또 다른 방법은 연습이다. 배우자마자 바로 연습하는 것이다.

7 세일즈 서적을 스스로 읽어서 녹음하라. 녹음을 통해 관련 기술을 숙달시킬 뿐 아니라 동시에 자신의 발표 기술을 들어 볼 수도 있다. 이는 매우 효과 있는 연습이다. 매주 30분 정도 분량을 녹음하라.

8 목표를 보이는 데 적어 두고 하루에 두 번씩 읽어라. 나는 내 목표를 화장실 거울에 붙여 두었다. 하루를 시작하는 아침 목표를 보며 하루를 생각한다. 비결 : 달성한 목표는 화장실 거울에서 떼서 침실 거울에 붙여 둔다. 그러면 아침 옷을 입을 때 내가 성공한 것들을 볼 수 있다. 목표는 당신의 로드맵이다.

9 친구나 동료와 세일즈 미팅 통해 일주일 30분은 실전 세일즈 훈련을 하라. 주간 미팅과 세일즈 훈련을 하면 관련 지식을 실제 현장에서 쌓을 수 있다. 회의를 마치면 바로 스스로에게 새로운 지식, 전략, 영감을 주는 자료 등 당신이 사용할 수 있는 자산을 얻게 된다.

10 자신의 세일즈 프레젠테이션을 녹화하라. 공식에서 가장 중요한 부분이다. 당신이 이 공식의 모든 부분을 다 끝낸 뒤에 자신의 발표를 듣지 못한다면, 결코 발표 실력을 발전시킬 수 없다. 당신이 세일즈를 위해 말하는 것을 듣는 순간이 바로 성공가도의 첫걸음을 떼는 날이다. 주의 : 강력한 효과만큼이나 고통스럽다.

10.5 이 리스트를 찢어라. 이 리스트를 공부하고 복사해서 몇몇 장소에 붙여라. 그리고 각각의 실천 계획을 목표로 만들어라. 1년만 내 것으로 만들고자 노력한다면 평생 동안 당신의 것이 될 것이다.

매달 목표치를 달성하는
최선의 방법은?

목표 달성을 매달 마지막 주 대신 첫 주에 하는 방법을 찾아내라.

> 목표치는 자의적이다. 세일즈의 S자도
> 모르는 사람들이 정해 놓은 성가신 숫자일 뿐이다.
> 주로 '숫자'에 얽매인 사람들.

대부분 목표치를 달성하지 못하는 데는 2가지 원인이 있다. 하나는 필요한 세일즈 기술 부족이고 다른 하나는 자신의 상품에 대한 신뢰가 없는 경우다. 만일 당신이 이 둘 가운데 하나라면 기술을 습득하거나 직업을 바꾸라.

만일 당신이 목표 달성이 어려워 고전하고 있다면 다음을 생각해 보라. 당신의 목표치가 2배 늘었다. 그리고 매달 마지막 날 한 달 목표를 다 해결하는 대신, 매주마다 목표의 25%를 달성한다고 가정해 보자. 어떤가? 해 볼 만한가?

답 : 물론 당신을 할 수 있다. 단 조건이 하나 있다. 이를 달성하기 위해서는 당신에게 충분한 잠재고객 리스트가 확보되어 있어야 한다. 자 예를 들어 당신의 매달 세일즈 쿼터가 5만 달러라고 하자. (그럼 매주 12,500달러다.) 당신의 수수료율은 10%이고 당신의 거래 체결 성공률은 25%다. 5만 달러를 달성하기 위해 당신은 아직 체결되지

세일즈 기술 쌓기, 한 번에 벽돌 하나씩 **157**

않은 진행 중인 거래가 20만 달러는 있어야 한다. (아니면 적어도 매주 5만 달러는 있어야 한다.)

자, 이제 더 잘게 나누어 보자. 하나의 약속을 잡기 위해 평균 3회의 전화를 해야 한다고 치자. 일을 성사시키기 위해서는 4회의 전화가 필요하다고 치면 하나의 세일즈를 위해 당신은 12회의 전화를 해야 한다. 자, 이렇게 하나 세세하게 나누어 생각해 보니 어려운 것만도 아니지 않은가? 당신이 자신의 실력을 과장하지 않았다면 목표 달성은 결국 얼마나 더 많은 잠재고객을 확보하느냐에 달려 있다.

최종 답 : 대부분의 세일즈맨이 실패하는 원인은 충분한 잠재고객을 확보하지 못했기 때문이다. 그리고 충분한 잠재고객을 확보하지 못한 원인은 열심히 일하지 않았기 때문이다. 당신의 잠재고객으로 확보하지 않는다면 절대 당신의 고객이 되지 않는다. 그게 왜 그들을 '잠재고객'이라고 부르는지에 대한 이유다.

최선의 시간 관리법은?

시간을 통제하라.

모든 사람들은 시간이 없다고 말한다. 터무니없는 변명이다. 인간은 모두 똑같은 양의 시간을 갖고 있다. 단지 차이가 있다면 당신이 이 시간을 써 버리느냐 투자하느냐.

시간을 쓰는 것은 TV를 시청하는 것이다. 시간을 투자하는 것은 독서를 해서 당신을 발전시키는 것이다. 대부분 사람들은 투자해야 할 시간을 써 버린다.

최종 답 :
　시간을 올바르게 다루고 싶다면 투자를 하라.
어디서 무엇을 하든 상관없이 당신에게 주어진 시간은 늘 똑같다. 때는 지금이다.

고객이 거절하면
나는 왜 쉽게 포기하는가?

세일즈맨은 거절을 싫어한다. 그래서 한 번의 거래를 위해 한 번의 거절만 자진해서 받아들인다. 그래서 고객이 "관심 없어요!"라고 말하면 바로 그만둔다. "지금 거래처에 만족합니다."라고 말하면 바로 그만둔다.

답 : 당신이 그렇게 쉽게 포기하는 이유 가운데 하나는 당신의 신뢰 시스템이 제한되어 있거나 부실하기 때문이다. 당신은 버텨서 주문을 따 낼 만큼의 열정을 갖고 있지 못하고 있다.

세일즈를 포기하기 전에 얼마나 많은 "싫습니다."를 받아들일 용기가 있는가? 다음과 같은 격언이 있다. "대부분의 거래는 일곱 번의 거절 이후에 이뤄진다." 그렇다고 말 그대로 고객이 당신에게 "싫습니다."라고 일곱 번 말하는 것이 아니다. 이 격언이 의미하는 것은 그들은 일곱 번의 장애물을 뛰어넘었다는 것이다. 그리고 당신은 끝까지 버티면 결국에는 거래를 따 낸다. "관심 없습니다."라고 누군가 말한다면 더 깊이 더 열심히 노력하라. 더 많이 질문하고 더 흥미로운 사람이 되어라.

내가 자주 받는 질문 중 두 가지는 "제프리, 언제 포기해야 하나요?"와 "언제 물러나야 하나요?"이다.

내 답은 간단하다.

진심으로 당신이 더 이상 그 고객을 도와줄 수 없다고 생각하거나 당신의 솔루션이 최고라고 생각하지 않게 되면 그만두라. 단 그때가 될 때까지는 버텨라. 고객이 거절을 열 번 할 때까지(어쩌면 열한 번).

비결 : 위의 내 답변을 연습해 보고 그 고객에게 다음과 같이 말하라. "존스 씨, 계속 거절하시는 걸 보니 제가 뭔가를 잘못한 것 같습니다. 저는 진심으로 우리가 최고의 가치를 갖고 있고 당신에게 최선의 솔루션이라고 믿습니다. 그리고 함께 비즈니스를 하는 그날이 올 때까지 계속 노력할 것입니다. 괜찮으시다면, 저에게 나가라고 고함을 지르거나 저를 창밖으로 내던질 때까지 계속 찾아오겠습니다. 괜찮을까요?"

그러면 고객은 웃으며 당신의 깊은 신념과 헌신에 감동을 받게 될 것이다. 그리고 아마도 당신에게 주문을 할 수도 있다.

올해 성과를 두 배로 올리는 최선의 방법은? ❻❽

현재의 세일즈 수입을 두 배로 늘리는 데는 다음 2.5가지의 방법이 있다.

> **1** 당신에게 '좋습니다.' 라고 답해 줄 사람의 숫자를 두 배로 늘려라.
>
> **2** 올해 당신이 알게 된 고객들이 계속해서 당신과 머물게 하라. 그리고 내년에 꼭 그들과 같은 고객들을 당신에게 데리고 오게 하라.
>
> **2.5** 1, 2번 답을 합한 것. 그러나 이를 위해서는 두 마디 비밀 재료가 필요하다. **열심히 일하기.**

세일즈맨들은 수백 시간을 세일즈와 무관한 일로 쓰고 단 몇 분만을 의사 결정자와 만나는 데 쓴다. 이와 같은 시간 배분을 역전시켜라. 당신의 세일즈는 두 배 늘어날 것이다. 아니 세 배 늘어날 것이다. 수만 명의 세일즈맨들이 올해 두 배 증대시킬 수 있을 것이다. 유일한 질문은 당신이 그들 가운데 한 사람인가 하는 것이다.

최종 생각 : 지엽적인데 몰두하지 말라. 목표 생각은 그만하라. 월말 걱정은 그만하라. 주어진 세일즈 시간을 어떻게 활용할지 생각하기 시작하라. 세일즈를 늘리기 시작하라. 지금 시작하라.

세상에서 가장 중요한 사람은 누구인가?

내게 물어본다면 답은 쉽다. 바로 나 자신이다. 내가 당신에게 이 질문을 한다면 당신은 답을 바로 하지 못하고 쭈뼛할 수도 있다.

이제 질문을 조금 바꿔서 "당신의 가장 큰 고객을 마주했을 때 누가 세상에서 가장 중요한 사람인가?"라고 물어본다면 답은 여전히 당신이다. 물론 당신은 고객이라고 생각할 수도 있다. 세일즈의 목표와 삶의 목표는 동일하다. 우선 당신 자신을 위해 최고의 당신이 되어라. 그 다음 (반드시 그 다음에야) 당신은 남들에게도 최고가 될 수 있다.

최고의 엄마가 되고 싶은가? 최고의 아빠가 되고 싶은가? 그렇다면 우선 최고의 당신이 되어라. 그 다음 (반드시 그 다음에야) 당신은 최고의 부모가 될 수 있다.

"내가 너한테 얼마나 잘해 줬는데"라고 말하는 것을 들어 본 적이 있는가? 이에 대한 나의 반응은 "당신은 왜 그랬는가?"이다. 왜 자기 자신에게는 그렇게 잘해 주지 않았는가?

타인을 위해 자신을 계속 희생하는 사람은 결코 자신의 잠재력을 다 발휘할 수 없다. 그리고 대게 자신의 희생 대상에 대해 분노하게 된다.

비결 : 희생하지 마라. 스스로(세상에서 가장 중요한 사람)에게 헌신하라. 그래서 최고의 당신이 되어라. 항상.

비즈니스 광고에 얼마나 투자해야 하는가?

현명한 답 : 가능한 한 많이.

더 현명한 답 : 당신이 생각하는 것보다 더 많이. 광고가 브랜드 및 상품에 대한 인식을 높일 수는 있지만, 당신의 잠재적인 고객의 마음 속에 가치를 만들어 내지는 못한다. 그리고 기존고객에게 주는 혜택은 전무후무하다.

이 책을 한번 보라. 이 책이 광고인가? 뭐 일종의 광고이기도 하다. 이 책은 당신을 위한 소중한 정보를 담고 있다. 그러나 이 책은 한편으로는 나를 선전하기도 한다. 당신은 이 책을 비행기에서, 집에서, 직장에서, 휴가지에서 읽고 있을 수도 있다. 중요한 점은 어쨌든 당신이 이 책을 읽고 있다는 사실이다. 이 책은 당신에게 도움이 될 것이다. 당신은 이 책을 갖고 다니게 될 것이다. 나에 대한 광고를 갖고 다니겠는가? 그렇게는 하지 않을 것이다.

당신과 당신의 사업도 마찬가지다. 진짜 광고, 진짜 포지셔닝은 충분한 가치를 지녀야 한다. 그래서 당신의 고객 혹은 잠재고객이 보고, 읽고, 자신과의 관련성을 인식할 수 있어야 한다. 당신에게서 더 많이 얻고 싶게 느끼게 할 수 있을 만큼 가치가 충분해야 한다. 내가 나 스스로를 포지션하고 광고하는 것을 보라. 기사, 책, 수백만 명의 세일즈맨이 구독하는 주간 '이-진'은 내 브랜드와 나의 가치를 인식시킨다.

나는 광고를 하지 않는다. 나는 포지션을 한다. 나는 광고를 하지 않는다. 나는 프로모터를 한다. 물론 이 말이 100% 사실은 아니다. 나는 나 스스로를 확고한 가치 공급자로 포지셔닝하고 혹은 지속적인 성과를 포지셔닝한 뒤에야 광고를 한다. 나를 리더로 생각하는 이로 포지셔닝한 다음 성공적인 일련의 포로모션(책, 세미나)을 한 뒤 광고를 한다. 내 이름과 브랜드는 알려져 있기에 이제 내가 하는 광고는 효과가 있다.

최종 답 :

기업이 저지르는 가장 큰 실수는
회사가 알려지기 전에 광고를 하는 것이다.

나는 가치에 기반을 둔 브랜드를 만들어 왔다. 이제 나는 광고를 통해 내 브랜드를 강화시킬 수 있다. 매주 신문에서 내 칼럼을 읽거나 내 책(지금 이 책과 같이)을 사서 읽고 난 뒤 내가 하는 세미나 광고를 보게 되면 당신은 나를 보기 위해 100달러를 쓸 수도 있다. 나를 몰랐다면 100달러를 쓰겠는가? 그렇지는 않을 것이다.

고객의 비즈니스 성장을 어떻게 도울 수 있는가?

질문이 뭐 이렇지? 이 질문에 대한 답은 알고 있어야 하는 게 아닐까?

당신의 고객이 당신에게서 사고자 하는가? 아니면 당신의 고객이 더 많은 세일즈를 하고 싶어 하는가? 당신의 고객이 당신에게서 더 구매하고자 하는가? 아니면 더 많은 수익을 내기를 원하는가? 당신의 고객이 당신에게서 더 구매하고자 하는가? 아니면 자신의 충성고객을 지키고자 하는가? 당신의 고객이 당신에게서 더 구매하고자 하는가? 아니면 아무 문제도 없는가?

> 일단 당신의 고객이 당신에게서 무언가를 더
> 구매하기보다는 자신의 비즈니스를 키우기를 원한다는
> 점을 이해했다면 방향은 제대로 잡은 것이다.
> 비결은, 행동을 취하는 것이다.

최종 답 : 세일즈, 수익, 생산성, 고객의 충성도, 사기, 그 밖에 고객에게 중요한 부문에 있어서 당신이 어떤 도움을 줄 수 있을지 자문해 보라. 그들에게 도움이 되는 것이라면 무엇이든지, 당신의 답, 아이디어는 고객의 가치는 물론 당신에 대한 충성도도 높여 줄 것이다.

고객의 충성도를 얻기 위해 나는 무엇을 하고 있는가?

충성도는 거래를 한 뒤 상품이나 서비스가 제공된 이후 시작된다. 이 시점에서 고객은 그들의 인식에 기반하여 당신의 가치를 측정한다. 그들의 인식에 기반하여 당신의 자질을 평가한다. 그들의 인식에 기반하여 당신의 서비스를 평가한다. 그들의 인식에 기반하여 당신에 대한 느낌을 결정짓는다.

키워드 : 고객의 인식

> 고객의 인식은 당신의 현실이다.
> 훌륭한 서비스는 제공될 수 있으나
> 충성도는 거저 얻는 것이 아니다.

많은 기업들이 프로모션용 자료에 '충성도'라는 단어를 사용하는 것을 보면 실소를 금치 못한다. 아마도 그런 기업들 중에서 가장 큰 회사는 고객의 충성도를 유지하기 위해 고객에게 마일리지를 제공하는 항공사들이다. 요즘은 거의 농담 수준이다.

항공사는 충성도를 얻고 있지 않다. 이들은 단순히 무료 항공권을 통해 고객을 매수하고 있다. 그리고 지난 한 해 동안 이런 매수 비용은 두세 배 증가했다. 항공사별로 다양하다. 당신은 그 회사에 충성한 것이 아니다. 당신은 마일리지에 충성심을 갖고 있는 것이다.

만일 항공사가 마일리지 제도를 없애도, 계속해서 그 회사에 충성하겠는가? 답 : 전혀 그렇지 않다.

최종 답 : 이 충성도 레슨을 습득하는 가장 쉬운 방법은 거꾸로 생각하기다. 당신이 충성도를 갖고 있는 고객이나 기업을 살펴보라. 당신은 왜 그들에게 충성도를 갖고 있는가? 대상은 아이스크림 행상일 수도 있고, 식료품 가게일 수도 있고, 세탁소일 수도 있고, 커피숍일 수도 있다. 자동차 판매처, 옷 가게일 수도 있다. 심지어 당신의 컴퓨터 수리공일 수도 있다. 그들 모두는 당신의 충성도를 얻었다. 그들이 어떻게 일을 하는지 알아내고 그대로 하라.

충성도를 얻기 위해서는 친절하고, 반응을 잘하고, 일하기 편하고, 가격이 적정하고, 당신에게 전화를 하거나 방문을 하거나 이야기를 하면 기분이 좋아져야 한다.

나는 얼마나
경쟁에 취약한가?

답 : 당신의 상상 그 이상이다. 핫리스트가 있는가? 그러니까 주요 잠재고객 리스트(이하 핫리스트)가 있는가? 분명 그런 리스트가 있을 것이다. 당신의 라이벌도 핫리스트가 있을 거라고 생각하는가? 분명 있을 것이다. 그 리스트에 누가 있는지 아는가? 당신의 최대 고객.

당신의 라이벌은 어떻게 당신의 최대 고객을 당신에서 **뺏어** 갈지 궁리하고 있다. 지금 이 순간에도. 한번 생각해 보라. 당신은 당신의 라이벌에게서 고객을 뺏어 본 적이 있는가? 분명 있을 것이다. 그들도 당신에게 똑같이 하고 싶지 않을까? 반드시 그럴 것이다.

사실, 지금 이 순간에 당신의 경쟁자는 당신의 뒤통수를 보며 도시 건너편에서 회의를 하고 있다. 그들은 당신이 과거의 영광에 사로잡혀 안분지족하고 있기를 바란다. 그리고 그들은 당신 사무실에서 전화를 응대하는 직원이 없고 자동 응답 시스템이 고객을 맞이하기를 바란다. 당신의 웹사이트가 형편없기를 바란다. 당신 세일즈 담당 직원들이 훈련을 제대로 받지 못한 사람이기를 바란다. 그들은 자신들의 가격을 낮춰서 당신을 꺾을 수 있게 되기를 바란다. 어차피 가치 자체는 차이가 없을 테니.

최종 답 : 당신의 경쟁자에 대한 취약성은 영원하다. 여기서 유일한 문제는 당신의 경쟁자에 대해 심각하게 여기지 않고 있다는 것이다. 즉 당신이 질 때까지, 결코 진지하게 생각하지 않고, 정말 그 순간이

닥쳤을 때는 소 잃고 외양간 고치는 꼴일 뿐이다. 고객 충성도를 유지하는 데 당신이 놓친 고객을 되찾기 위해 들일 노력의 절반만 쓰라.

최종 힌트 : 신규 고객을 유치하는 데 들이는 공만큼 기존고객에게도 정성을 쏟아라.

남보다 앞서기 위해 배워야 할 것과 해야 할 일은?

남보다 앞서고 싶은가? 지금부터 세일즈 성공의 현실과 전략을 알려 주겠다. 당신이 할 일은 각각에 맞는 시행 계획을 마련하는 것이다.

1 호감을 주는 사람이 되어라. 그러면 고객은 당신에게서 먼저 구매할 것이다. 당신의 회사나 제품을 팔기에 앞서 당신을 팔아라.

2 당신의 경쟁자는 하지 않을 그러나 당신은 제공할 일들의 리스트를 만들어라. 리스트에 아무것도 없는가! 머리를 써라. 뭔가 새로운 것을 만들어라. 힌트 : 당신의 경쟁자는 묻지 않을 질문을 더하라.

3 새로운 거절 이유란 없으니, 기존의 거절 이유를 없애 나가라. 귀에 못이 박히도록 들어온 거절 이유 리스트를 작성하라. (관심 없음, 현 업체에 만족, 너무 비쌈, 예산 없음, 제안서 송부 요망, 기타 등등) 그런 뒤 이런 거절에 대응할 답을 생각해 내라. 그리고 지금 현재 당신의 답 대신 새로 생각해 낸 답을 사용하라.

4 잠재고객이 당신에게 관심을 갖게 하라. 당신의 기존고객 '핫리스트'를 하나 복사하라. 그리고 자문하라. '누구에게 인기가 있는가?' 그리고 당신이 일을 함께 하면 좋을 잠재고객 리스트를 만들어라. 두 번째 리스트가 더 짧은가?

5 배우면 바로 시도해 보라. 전략이나 세일즈 테크닉을 듣고 난 뒤에는 한 시간 안에 시도해 보라. 들으면 실천하라. 그러면 그 전략이나 테크닉을 숙달하게 될 것이다.

6 당신이 배운 것을 당신에게 맞게 수정하라. 단순히 나를 따라하지 마라. 당신의 성격과 스타일에 맞는 방식으로 시도하라. 진정한 당신이 되어라.

7 학습한 것을 제품과 서비스에도 적용하라. 모든 세일즈 정보가 다 당신이 파는 것에 관한 것이 아니다. 그럼 어떻게 할 것인가? 배운 것 가운데 당신과 상관이 있는 것이 무엇인지 찾아내서 시도해 보라.

8 매일 아침 자신의 태도를 점검하면서 긍정적인 태도를 갖고 유지하라. 좋은 태도를 만드는 비결은 매일 아침 15분의 독서다. 나는 지난 30년간 매일 그렇게 하고 있고, 효과가 있다.

9 토스트 마스터에 가입하라. 더 나은 발표 기술을 배우기 위해 매주 1시간을 투자하라. 당신의 세일즈 기술만큼이나 프레젠테이션 기술도 중요하다. www.toastmasters.org에 가서 가장 가까운 클럽을 찾아라.

10 늘 공부하라. 그리고 가능하다면 겸허한 자세를 갖춘 학생이 되어라. 당신의 일에 정통하기 위해서는 두 가지만 있으면 된다. 공부와 연습. 이 두 가지를 평생 하면 된다.

10.5 일일 분량 모든 것을 단 번에 할 수 없다. 그러나 매일 조금씩은 할 수 있다. 다들 '하루에 사과 한 알'이란 말을 할 것이다. 그러나 이 충고를 따르는 사람은 극소수다. 만일 당신이 매일 아무것도 하지 않는다면 그 결과는 아무것도 없다. 만일 매일 조금씩 무언가를 한다면 연말이 되면 (혹은 결국에는) 무언가를 달성하게 될 것이다. 하루 아침에 훌륭한 세일즈맨이 될 수 없다. 매일 매일 노력해야 훌륭한 세일즈맨이 될 수 있다.

최종 답 : 남보다 앞서는 것은 자연적 진보가 아니다. 이는 당신의 헌신과 의도의 결과다. 그리고 당신은 완벽한 통제를 하고 있다. 당신 스스로가 당신이 남보다 얼마나 앞설지를 결정한다. 얼마나 성공하고 싶은지를 결정한다. 그리고 당신은 이를 두 마디로 결정한다. 행동을 취하라.

PART 5

우정을 쌓고, 관계를 만들고 소개장을 받고, 상품 추천서를 받고, 재주문 받기

제발 물건 좀 사 주세요.
당신의 친구가 되겠어요.

초등학교 2학년이라면
통하겠지만, 세일즈에서는
어림없어요.

고객은 나와의 비즈니스를 편하게 여기는가?

질문 : 당신은 자동응답시스템을 얼마나 싫어합니까?
질문 : 당신은 자동응답시스템을 사용합니까?
형편없는 서비스나 사업 관행이 남의 일인 경우에는 말하기 쉽다. 그러나 만약 당신의 일인 경우에는 그렇지 않다.

자동응답시스템을 싫어하느냐는 질문을 하면 모든 사람들이 다 손을 든다. 심지어 두 손을 드는 경우도 있다. 이 정도로 자동응답시스템이 혐오 시스템이라면 누군가는 이것이 문제라는 것을 알아채겠지 하고 생각할 수도 있다. 그리고 당신과 비즈니스를 하는 것이 쉬워졌다고 순진하게 믿을 것이다. 그러나 자동응답시스템은 당신의 고객을 경쟁사로 내주는 좌절감의 수많은 원인 가운데 하나에 불과하다.

당신의 고객을 경쟁사에 잃지 않기 위해서는 다음의 6.5 단계를 실천하라. 이를 통해 고객들이 당신과의 비즈니스를 편하게 생각하게 되고 충성심을 갖게 될 것이다.

1 내가 구매해야 할 시기에 팔 준비가 되어 있어라.
주문은 언제든지 가능한가요? 온라인, 전화, 직접 주문이 가능한가요? 다음과 같은 질문에 그렇다고 대답하지 못한다면 결코 편리한 서비스가 아니다.

2 기계가 아닌 사람이 전화를 응대하게 하라.

고객이 주문을 하거나 질문을 하고자 하거나 혹은 불만이 있을 때 직접 사람에게 이야기하기가 쉬운가? 얼마나 쉽게 연결할 수 있어야 하는가?

3 친절한 사람을 고용하라.

이는 매우 중요하다. 당신의 직원은 얼마나 친절한가?

4 최첨단 기술을 활용하라.

당신의 경쟁사보다 앞서 있는가? 시간, 돈을 절약하고 더 생산적이기 위해 기술을 사용하는가?

5 고객이 당신을 떠나는 이유를 찾아내고 이를 고쳐라.

내부 문제를 없애기 위한 행동을 취하라.

6 고객의 구매 원인을 찾아내고 이를 향상시켜라.

더 많은 판매 기회를 위해 행동을 취하라.

6.5 당신이 당신의 고객이 되어라.

당신이 고객이라면 당신과 비즈니스를 하겠는가? 일주일에 한 번은 고객에게 전화를 걸어 당신의 회사와 일하는 것이 어떤지 알아보라.

최종 답 : '내가 할 수 있는 일은 없어.' 라고 생각하기 때문에, 지금 이 글을 읽는 사람들 중 상당수는 좌절감을 맛보게 될 것이다. 그러나 그렇지 않다. 당신의 최우수 고객 5명에게 연락을 하라. 영업 시간이 시작되기 5분 전에 아주 큰 규모의 주문을 넣어 달라고 부탁하라. 그리고는 그들의 경험을 당신에게 이메일로 보내달라고 하라. 그리고 그 고객 메일을 당신의 CEO에게 전달하라. 그러면 효과가 나타날 것이다.

회사에서 당신이 할 수 있는 일은 제한되어 있을 수도 있다. 그러나 당신의 CEO는 당신의 고객이 당신은 물론 자신의 월급을 주고 있다는 사실을 주지하고 있다.

만일 회사의 매출을 늘리고 당신의 노력을 보상해 줄 현재의 고객에 집중하고 더 많은 노력을 하라.

우정을 쌓고, 관계를 만들고, 소개장을 받고, 상품 추천서를 받고, 재주문 받기

우리 회사 직원은 얼마나 친절한가? 내 상사는 얼마나 친절한가? 나는 얼마나 친절한가? **76**

친절함은 얼마나 중요한가?
성공적인 고객 서비스 직원이나 세일즈맨이 되기 위해
필요한 자질이 100가지가 있다면 친절함은
최상위 3개 안에 들거나 제일 중요한 자질이다.

- **친절함은 세일즈를 가능하게 한다.** 친절함은 재주문을 가능하게 한다.
- **친절함은 자질이다.** 다른 자질들과 마찬가지로 친절함도 숙련도에 따라 그 능숙함이 다양하다.
- **친절함은 온도다.** 당신 회사의 친절함은 몇 도인가? 따뜻한가? 추운가?

만일 당신 회사의 친절 온도가 중간 이상이라면, 다음 질문은 당신을 움찔하게 만들 것이다.
친절한 직원과 충성스러운 고객과의 관계는 어떠한가?
답 : 상부상조.
만일 친절함이 그렇게 중요하다면 왜 모든 사람이 친절하지 않는가? 올바른 지적이다. 겉으로 보기에는 매우 쉽다. 원인 중 하나는 사람들이 모든 것에 대해 너무나 심각하기 때문이다. 윗사람들이 그렇다.

그리고 그러한 윗사람의 태도가 다른 사람들의 태도를 결정짓는다. 당신의 상사는 친절한가? 당신의 CEO는 친절한가? 그들이 회사 전체의 태도를 결정한다. 중역들의 친절함 정도는 일선 직원의 친절 정도를 결정짓는다. 그들에게 물어보라.

비결 :

대기업의 경영자들은 (혹은 영세 기업의 경영자들은) 친절하다는 이미지를 조성해야 한다. 그리고 직원들에게 친절 교육을 시켜야 한다. 그래서 그들이 늘 친절할 수 있게 해야 한다.

친절함은 반드시 '고의적 혹은 의도적'이어야 한다.

끝으로 : 당신은 얼마나 친절한가? 만일 당신이 불평분자에 냉소적이고 전반적으로 성격이 불같다면 이제는 달라질 때다. 친절함은 태도와 마찬가지로 내부적인 것이다. 결코 당신의 주변 환경이 아니다. 당신이 다른 사람에게 잘해 주고 싶어 하는 욕구다. 그리고 이는 한결 같아야 한다.

최종 답 : 친절함의 중요성은 측정할 수 없을 만큼 크다. 그리고 비용은 전혀 들지 않는다. 그러나 그 가치는 엄청나다. 친절함은 회사뿐 아니라 당신의 명성도 만들 수 있다. 이는 인간에게 있어 가장 전염이 강한 질병이다. 자, 이제 친절함에 전염되라. 그리고 이를 다른 사람들에게 퍼뜨려라.

우정을 쌓고, 관계를 만들고, 소개장을 받고, 상품 추천서를 받고, 재주문 받기

고객과의 유대감을 형성하는 방법

세일즈의 첫 번째 원칙은 잠재고객의 마음을 사는 것이다. 만일 잠재고객과 공통 주제나 관심사를 찾게 되면 이제 당신은 비즈니스 우정을 만들 수 있다. 사람들은 대개 세일즈맨보다는 친구에게서 더 잘 사는 경향이 있다.

그렇다면 고객과의 유대감을 형성하게 위해서 당신은 무엇을 하는가? 조사를 하고 질문을 하라. 당신은 비즈니스 대화를 시작할 때 현명하고, 진지하고, 관찰력이 뛰어나서 직접적인 비즈니스 외에 다른 화젯거리를 던질 수 있는가?

다음은 당신이 시도할 수 있는 전략들이다.

잠재고객의 사무실이나 혹은 다른 곳에서 약속을 잡은 경우 방에 들어가는 순간 힌트를 찾으라. 이것이 유대감을 형성할 수 있는 가장 쉬운 방법이다. 벽에 걸린 사진, 학위, 상 혹은 고객의 사업 분야와는 상관없지만 사무실에 놓여 있는 잡지들. 당신이 잠재고객의 사무실에 들어서면 자녀의 사진이나, 여행 사진, 책, 학위, 상, 책상 위 물건, 어떤 것이든 개인적인 취향이나 성격을 드러내는 것들을 찾으라. 그리고 상이나 트로피에 대해 질문하라. 학위나 사진에 대해 질문하라. 당신의 잠재고객은 기꺼이 대답을 할 것이다. 자신이 한 일이 무엇인지 혹은 취미가 무엇인지 술술 말을 할 것이다.

그들의 흥미를 잡을 수 있는 현명한 질문으로 대화를 이끌어라. 만약

당신이 그 주제에 대해 해박하다면 이보다 더 좋을 순 없을 것이다. 왜냐하면 바로 그런 대화가 유대감을 만들어 주기 때문이다. 그리고 만일 당신과 고객이 취향을 공유한다면 이제 어느 정도 서로 공유하는 분야가 생기게 된 것이다. 그리고 이것이 바로 고객과의 유대감을 쌓는 비밀 요소다.

잠재고객이 열정과 좋아하는 일에 대해 당신에게 말할 수 있게 하라. 그리고 만일 당신도 그와 같은 열정을 갖고 있다면 이제 일은 일사천리로 진행될 것이다.

유머를 활용하라. 잠재고객이 웃을 수 있게 하라. 웃음은 유대감을 만든다. 웃음은 긍정적인 프레젠테이션을 위한 편안한 분위기를 만든다.

만일 잠재고객이 당신의 사무실을 방문했을 때는 공유 분야를 찾는 것이 쉽지 않다. 왜냐하면 그의 사무실에 들어갔을 때처럼 당신에게 그의 성격을 알려 주는 여러 사인들이 없기 때문이다. 따라서 당신의 회사를 구경시켜라. 그리고 그들의 말을 가만히 들어 보라. 만일 당신에게 뭔가 흥미로운 것을 찾아냈다면 말할 것이다.

친절하라. 피상적이지 않은 질문을 하라. 피상적인 질문, 날씨나 길 찾기가 쉬웠냐는 말은 절대적으로 피해야 한다. 그들이 지난 주말에 한 일이 무엇인지? 이번 주말 계획은 무엇인지 물어보라. 영화에 대해 물어보라. 야구 경기에 대해 물어보라. 정치와 종교, 개인적 문제는 절대 피하라. 그리고 절대로 당신의 고민을 주절주절 늘어놓지는 마라.

최종 답 : 사람들은 스스로에 대해 이야기하는 것을 좋아한다. 제대

로 된 질문은 그것을 중지시키는 데 효과가 있다. 당신의 목표는 두 사람 모두가 관심 있어 할 주제, 생각, 상황을 찾아내는 것이다. 그게 바로 당신의 세일즈 미션. 그러나 내가 분명히 말할 수 있는 것은, 만일 당신이 고객과 친구가 된다면 당신의 미션은 프레젠테이션 전에 이미 거의 달성된 것이나 마찬가지다.

관계를 시작하는 최선의 방법

당신이 어렸을 때 형제, 자매 혹은 친구들과 다투면 당신의 엄마는 이렇게 말하곤 했을 것이다. "빌리야, 그러면 안 되는 거 알지? 자, 조니랑 친구해야지." 당신의 엄마는 단 한 번도 뭔가 숨겨진 의도를 갖고 조니에게 접근을 하라는 충고를 하지 않았다. 엄마가 말한 것은 "친구해라."였다. 아마도 그런 엄마의 가르침이 당신이 평생 받은 세일즈 레슨 중에서 가장 강력한 것일 것이다.

세일즈의 50%는 우정 때문에 달성된다는 통계도 있다.

내가 생각하기에 실제 수치는 이보다 더 높다.
남부 지역에서 이는 '남자들만의 네트워크'라고 불린다. 북부에서는 '당신이 아는 사람'이라고 부른다. 사실 이는 모두 우정을 지칭한다. 최고의 상품, 가격, 서비스를 갖고 있기 때문에 세일즈를 할 수 있다고 믿고 있다면, 그건 꿈이다. 당신이 부처님도 아니고, 그런 생각은 절반도 맞지 않다. 만일 50%의 거래가 우정에 기초에서 이루어지고, 당신이 잠재고객과 그런 관계를 만들지 못했다면, 당신의 이미 절반의 세일즈 기회를 놓치고 있는 것이다.
친구가 친구에게 물건을 팔 때는 세일즈 테크닉이 필요하지 않다.

생각해 보라. 당신이 친구에게 나가서 놀자고 말하거나 부탁을 할 때 세일즈 테크닉이 필요하지 않다. 그냥 친구에게 말하지 않는가? 더 많은 세일즈를 하고 싶은가? 그렇다면 당신에게 필요한 것은 테크닉이 아니라 친구다.

당신 최고의 고객을 생각해 보라. 어떻게 그렇게 되었는가? 그들과 훌륭한 관계를 맺고 있지 않는가? 만일 당신이 스스로의 최고의 고객과 친구라면 가격 체크, 가격 협상, 배송 시간과 같은 이야기는 다 필요가 없어진다. 심지어 가끔 실수를 해도 여전히 그들은 당신과 비즈니스를 할 것이다.

> 친구가 되면 좋은 게 하나 더 있다.
> 바로 경쟁이 실질적으로 사라진다.
> 당신의 가장 강력한 라이벌도 당신을 당신의
> 친구에게서 몰아내지 못한다.

대부분의 세일즈맨들은 거래 목적 외의 고객과의 통화는 시간 낭비라고 생각한다. 이는 전혀 사실이 아니다.

어떻게 친구관계 혹은 관계를 만드는가? 시간이 걸린다. 만일 당신이 지금 "친구는 무슨, 나는 영업하느라 바쁘다."라고 생각한다면 다른 직업을 찾으라. 세일즈맨은 당신에게 맞지 않다.

다음은 당신이 관계 형성을 위해 사무실보다 더 나은 장소들이다. 여기로 고객을 모시고 가라. 야구장, 극장, 콘서트, 미술관, 행사가 끝난 상공회의소, 지역사회 자선 프로젝트, 아침, 점심, 저녁 식사, 당신의 회사가 제공하는 세미나. 만일 당신의 고객에게 자녀가 있다면 아이맥스(IMAX) 영화 티켓을 구해서 주말에 함께 가라. 관계를 돈독히 하는 데 있어 이만 한 데가 없다. 아이맥스 극장은 재미있을 뿐만 아니라 단순히 아이들만을 위한 곳이 아니다.

북부에서 남부로 이동하면서 나는 비즈니스 친구의 가치를 더 잘 이해하게 되었다. 남부에서 그런 인간관계를 맺기가 더 쉽다.

나는 가끔 대화 중에 그들이 '네트워크'에 들어갈 수 없다고 한탄하는 사람들을 만난다. 그건 터무니없는 생각이고 내가 지금껏 들어 온 세일즈 변명 중에 가장 형편없는 것이다. 모든 세일즈맨은 한결같이 이렇게 말한다. 그들은 친구관계를 만들지 못했고 다른 누군가는 이를 달성했다.

비결 :

세일즈 테크닉을 활용하면 돈도 벌고 세일즈도 할 수 있다. 친구로 관계를 쌓으면 부를 쌓을 수 있다.

인맥 만들기는 어디서부터 시작하는가?

당신의 고객이 가는 곳에서 네트워크를 만들어라. 당신의 고객과 같은 부류의 고객을 만날 가능성이 더 높아진다. 게다가 당신의 고객이 바로 그 장소에서 당신을 위해 상품이나 서비스 후기 추천을 할 수 있다. 가능성이 높은 곳에서 네트워크 활동을 하는 것은 분명히 답이 될 수 있다. 그러나 이것이 바로 그 답인 것은 아니다.

네트워킹은 선택의 문제다. 내가 당신에게 부탁하는 것이라곤 현명한 선택을 하라는 것이다. 그리고 장소를 가라. 준비된 상태에서 비즈니스를 하면 된다.

최종 답 : 당신이 바로 그 답을 찾고 있다면 그 답은 주당 10시간은 네트워킹에 투자하는 계획이 바로 그 답이다. 비즈니스 그룹이 될 수도 있고, 해당 산업의 조합 미팅일 수도 있다. 혹은 야구장, 극장, 운동 그룹이 될 수도 있다. 미술관이 될 수도 있다. 자선행사가 될 수도 있다. 나의 최고의 고객 중 몇은 도로 달리기 대회에서 만났다. 아침 7시, 10km 구간 출발 전 참가자들의 차림새는 비슷비슷하다. 정장을 입은 사람도 없고, 수행원도 없다. 다만 각자의 최고 기록을 깨려는 참가자들일 뿐이다. 그리고 경기가 끝날 즈음이 되면 사람들은 무엇에 관해서든 기꺼이 이야기하게 된다.

레드 비트 정보 인맥 만들기에 최적의 장소 15.5가지 리스트를 얻고 싶다면 www.gitomer.com에 가서 등록하고 Red Bit 박스에 NETWORKING이라고 친다.

강력한 30초짜리 개인광고 만드는 법

흔히들 엘리베이터 스피치나 칵테일 광고라고 부르지만 나는 30초 개인 광고라고 명명했다. 아마도 당신이 TV에서 본 개인적인 광고를 생각한다면 그 이유를 짐작할 것이라고 생각한다. 광고 중 일부는 당신의 관심을 끌지만 대부분은 리모컨을 찾게 만든다.

30초 광고의 핵심은 '마음 끌기' 다.

당신은 상대가 당신과 대화하는 게 흥미롭다고 느끼게끔 대화를 이끌어 갈 수 있는가? 대화를 시작한 지 30초만 지나면 과연 상대가 흥미를 느끼는지 상대의 반응을 통해 알 수 있다.

당신이 메시지를 전달하고 난 다음에 해야 할 일은 상대방과 당신이 공유하고 있는 것이 있는지 알아보기 위한 질문을 하는 것이다. (고향, 대학, 자녀, 스포츠 팀)

당신의 개인적 광고가 충분히 흥미롭게 진행되고 또 상대와 당신의 공통점을 찾아냈다면 이제 약속은 거의 따 놓은 것이나 마찬가지다. 뿐만 아니라 잠재적으로 고객도 얻었다고 할 수 있다.

개인적으로 나는 질문을 먼저 하고 개인적 광고는 그 다음에 하는 것을 선호한다. 나에 대해 말하기 전에 상대에 대해 알고 싶다. 그러나 나는 상대의 호기심을 끄는 데 매우 숙련되어 있다.

다음은 30초 광고의 예다.

"먼저 주기" 광고 : 당신에 대해 단 한 마디도 하지 않고 상대의 관심을 완전히 사로잡을 수 있는 5초짜리 질문. 통성명하고, 다음과 같이 말한다. "빌, 저는 이제까지 많은 사람을 만나 왔습니다. 제 경험상 서로를 아는 최상의 방법은 '당신에게 완벽한 고객이란?'이라고 질문하는 것입니다. 그리고 당신이 질문에 답을 한 뒤 제가 머릿속에 기억을 떠올려 제가 알고 있는 사람 중 당신에게 좋은 잠재고객을 찾아보겠습니다."

"무슨 일 하세요?" 광고 : 이 질문은 수천 번 받아 보았을 것이다. 누군가가 당신의 30초 광고를 묻고 있다. 나는 나의 동전 명함을 주며 "저는 이 세상에서 제일 훌륭한 세일즈 트레이너입니다."라고 말한다. 사람들은 자신의 손에 쥔 동전에 시선이 갈 수밖에 없다. 대부분 동전 명함은 본 적이 없기 때문이다. 아마 명함에 대해 1분 정도 이야기할 수 있다. 그런 다음 나는 "작년에 당신 회사에서 세일즈 목표 달성에 실패한 사람이 얼마나 되나요?" 하고 물어본다. 이제 출발 준비는 끝났다. 관심 끌기 성공.

익살맞은 광고 : 내가 하는 일이 뭐냐고 물으면, "저는 대기업의 세일즈 트레이닝 예산을 돕습니다. 예산이 한 푼도 남지 않을 때까지요."라고 답한다.

더 익살맞은 광고 : 나는 나의 포토그래퍼인 미첼 케어니(Mitchell Kearney) 옆에 앉아 있었다. 우리는 우리의 네트워킹 그룹을 상대로 30초 광고를 하고 있었다. 미첼은 내 책을 손에 들고 있었다. 그리고

자신이 찍은 내 사진이 있는 페이지를 펼쳐 보였다. 갑자기 (경고도 없이) 그는 내 셔츠를 움켜잡고 잡아당겨서 나를 의자에서 일으켜 세우더니 소리쳤다. "이 친구 보이시죠?" 그리고는 내 책 속의 내 사진을 가리키며 다시 외쳤다. "제가 이 녀석을 이렇게 멋지게 보이게 했습니다." 사람들은 환호했고, 미치는 그날 아침 세일즈를 성사시켰다. 10단어 광고. 아마도 그런 훌륭한 광고는 다시없을 것이다.

"불리한 입장 만들어 내기" 광고 : (당신은 생명보험과 금융 상품을 취급한다.) 두 가지 질문으로 시작한다. "빌, 은퇴 뒤에 돈이 얼마나 필요한 것 같나요?" (당신은 정확한 답을 기다린다.) "그중에서 지금 얼마를 모았나요?" (그리고 당신은 정확한 답을 기다린다.) "제가 하는 일은 바로 현재 당신이 있는 곳에서 당신이 원하는 곳으로 당신을 보내는 것입니다. 제가 당신을 도울 수 있을지 모르겠지만, 우리 둘 다 편한 아침 시간에 관련 자료를 제게 주시면 살펴보도록 하겠습니다. 그리고 제가 도움이 될 것 같으면 말씀을 드리겠습니다. 그리고 만약 제가 도움이 되지 못할 것 같아도 말씀드리겠습니다. 어때요?" 라고 말한다.

중요한 노트 : 어떤 종류의 광고를 선택하든 가장 중요한 것은 상대가 당신이 광고를 한 뒤 당신이 하는 일이 무엇인지 정확하게 이해하게 만드는 것이다. 뭔가 불분명한 광고를 하면 대부분 당신이 피라미드 영업이라도 하는 줄 알 것이다. 무엇을 말하든 자랑스럽게 말하고 열정을 갖고 말하라.

불공정 우위 : 박람회나 네트워크 이벤트를 갈 때 나는 내 책을 수십 권 갖고 간다. 그리고 내가 만나는 사람들에게 직접 사인을 해서 준

다. 책값은 들더라도 이렇게 하면 이는 또 다른 차원의 관심을 끌어올 수 있다.

30초 광고의 성공 비결이 있다면, 그것은 바로 광고를 실제로 30초에 끝내야 한다.

레드 비트 정보 약속을 잡을 수 있는 영리한 질문에 대해 알고 싶다면 www.gitomer.com에 가서 등록하고 Red Bit 박스에 SMART QUESTIONS이라고 친다.

인맥 만들기에 얼마나 많은 시간을 투자해야 하는가?

얼마나 많은 시간을 투자하느냐는
당신이 관계를 발전시키고자 하는 고객의 수,
우정을 쌓고 싶은 고객의 수와
직접적으로 비례한다.

18년 전 샬롯에 이사 왔을 때 나는 아는 사람이 하나도 없었다. 사실 한 사람 있었다. 하지만 그는 아는 사람이 없었다. 그래서 내가 네트워킹을 시작했다.

내가 가장 먼저 한 일은 샬롯 상공회의소에 가입한 뒤 내가 소규모 비즈니스맨을 만나기 위해 참가해야 할 회의가 뭔지 알아내는 것이었다.

그 다음에는 《샬롯 비즈니스 저널》을 구독, 잡지를 매주 한 기사도 빼놓지 않고 다 읽었다. 이야기도 읽고, 광고도 읽었다. 그중에서 가장 중요한 것은 뒷부분에 있는 회의 스케줄이었다. 이를 통해 내가 꼭 참석해야 할 중요한 회의나 박람회를 체크했다.

점차 친구가 생기면서 나를 다른 경쟁자와 차별화할 필요가 있다는 결론을 내렸다. 그래서 나는 내 고양이 리또를 위한 명함을 만들었다. 고양이의 직책은 '기업 마스코트'였다. 내 고양이는 즉시 아이콘이 되었고, 어딜 가나 사람들은 리또의 명함을 달라고 했다. 그게 18

년 전의 일이다. 사람들은 여전히 나를 보면 리또의 명함을 찾는다. 내가 주당 20시간을 네트워킹에 할애할 때까지 투자 시간은 지속적으로 늘어만 갔다. 그중 하나는 샬롯의 유지들이 모두 모이는 고급 바에서 일주일에 두 번 노래를 부르는 것도 포함되어 있었다. 나는 그들이 노래를 부르며 즐길 때 그들을 만날 수 있었다.

얼마나 네트워크에 투자를 해야 하는가? 적어도 일주일에 5시간 혹은 10시간 이상.

주의 사항 : 네트워킹의 효과는 단시간에 나타나지 않는다. 최고의 결과는 지속적으로 계속해서 나타나며 가치를 만들어 낼 것이다.

최종 답 : 만일 당신이 정말 네트워킹과 인맥에 투자하는 시간을 십분 활용하고 싶다면 나의 다음 책《세일즈 시크릿 - 인맥(Little Black Book of Connections)》을 읽어 보라.

인맥 만들기 성공의 비결은?

많은 사람들이 네트워킹 이벤트에 간다. 그러나 어떻게 인맥을 쌓는지를 아는 사람은 드물다. 다음은 네트워크 활동 시 당신에게 보다 더 효과적이고 생산적이며 수익성 있는 결과물을 안겨 줄 테크닉과 도구다.

네트워킹의 가장 기본 규칙은……

1 일찍 가라. 일할 준비가 되어 있어라. 명함은 넉넉히 가져가라. 준비되고 열정적이게.

2 만일 당신이 친구나 동료와 함께 참석했다면 붙어 다니지 마라. 함께 걷고, 이야기하고, 앉는 것은 시간 낭비다.

3 일단은 사람들이 많은 곳에 머물러라. 사람들과 장소에 익숙해져라.

4 악수를 할 때는 힘 있게 하라. 죽은 물고기마냥 늘어져 있는 손과 악수하고 싶은 사람은 없다.

5 당신의 30초 광고가 흥미진진할 수 있게 말하라. 질문하고 말하라.

6 당신의 30초 광고를 완전히 숙지하라. 그러나 녹음된 것은 아니다.

7 행복하고 열성적이며 긍정적인 태도를 가져라. '고된 하루'에 대해 투덜대거나 한탄하지 마라. 사람들이 비즈니스를 함께 하고 파하는 사람은 승자이지 투덜이가 아니다.

8 만약 상대가 좋은 잠재고객이 아니라면 시간을 낭비하지 마라. 우아하게 대화를 중단하라.

9 끼어들지 말라. 말을 중간에 치고 들어가면 좋은 인상을 남길 수 없다. 가까이 서서 적절한 타이밍에 자연스럽게 대화에 참여하라.

10 일찍 식사하라. 먹으면서 어울리는 것은 결코 쉽지 않다. 도착했을 때 충분히 먹어라. 그래서 악수를 할 때 음식을 먹고 있지 않도록 하라. 또 이야기를 할 때 음식이 튀지 않게 하라. 효과적으로 사람들과 어울려라.

11 음주하지 마라. 만일 당신 빼고 모두들 어느 정도 흐트러져 있다면, 당신은 취하지 않았기 때문에 우위를 갖고 있다. 이벤트가 끝난 두에 그날 얻은 연락처를 축하하며 맥주 몇 잔 하라.

11.5 끝까지 남아라. 오래 남아 있을수록 더 많은 연락처를 받게 될 것이다.

최종 답 : "나는 네트워킹 행사에는 가는데 잠재고객을 많이 만들지 못해."라고 말한다면 당신은 기본 규칙을 따르지 않거나 혹은 당신의 고객들이 가는 행사에 참석하지 않고 있는 것이다. 네트워킹은 되고 있지만 당신이 제대로 하지 못해서 당신에게 이로운 결과를 가져다주지 않을 수도 있다.

생각 하나 더 : 행사 선정은 네트워킹 활동 자체만큼 중요하다. 당신이 구독하는 비즈니스 저널은 주간 비즈니스 행사 리스트를, 상공회의소는 월간 캘린더를 쏟아 낸다. 사회적 문화적 행사도 네트워킹이 될 수 있으니 건너뛰지 말라. 당신의 고객이 관심을 가질 만한 행사나 당신이 알고 싶은 사람이 관심을 가질 만한 행사를 선택하라.

다른 사람보다 우위에 서는 방법은?

가장 쉬운 대답은 당신이 팔고자 하는 것을 필요로 하는 잠재고객을 찾으면 된다. 만일 당신이 그런 고객의 리스트를 원한다면 그런 리스트는 저기 저 멀리 디즈니랜드의 환상의 나라에만 존재한다.

자, 이제 진짜 답을 주겠다.
최고의 단서는 굴러들어 온 소개장이다. (잠재고객은 직접 당신에게 연락을 하고 구매를 원할 것이다.)
두 번째로 좋은 단서는 고객으로부터 적극적인 소개장이다. (당신의 고객이 당신에게 연락을 해서 그가 생각할 때 구매를 원하는 것 같은 사람이 있다고 말하거나 혹은 구매를 원한다는 사람이 있다고 소개한다.)
세 번째로 좋은 단서는 고객으로부터의 대응적인 추천이다. (당신이 물어봤던 것에 대해 고객이 당신의 채근 없이 주는 것이다.)
그 다음은 네트워킹이다. 직접 잠재고객이 모이는 곳에 가서 대면하는 능력이다. 지붕용 자재를 파는 당신이 월간 주택건설업자 모임에 있다고 치자. 당신의 고객이 될 수 있는 모든 하청업체와 건설업체는 거기에 있다. 자, 이제 당신은 세 가지 선택을 할 수 있다.

1 회의장에 나타나서 맥주 몇 잔 하고, 모든 사람들과 대화를 하고

(당신의 동료 포함), 약속 하나 잡고 집에 간다. 나쁜 선택이다.

2 당신이 연결하고 싶은 4~5명을 선정해서 사전 조사를 하고 계획을 세운다. 사전에 전화나 이메일로 미리 연락을 하고 회의에서 보게 되기를 바란다고 한다. 좋은 선택이다.

3 최선의 선택은 회의에서 연사가 되는 것이다. 당신의 주제는 '새는 지붕의 대처법'이다. 그리고 건설업자나 하청업자에게 수익성과 서비스의 품질을 유지하는 데 도움이 될 이야기를 한다. 발표가 끝나면 모든 사람들이 당신 주변으로 몰려들어 말을 걸 것이다. "좋은 강연이었어요." 말 그대로 당신은 회의장의 모든 사람들을 만날 것이다. 탁월한 선택이다.

최종 답 : 나는 여전히 당신이 당신의 타깃을 정하고 연결하기를 추천한다. 이렇게 하면 당신은 모든 사람을 알 수 있게 된다. 그리고 거래를 몇 개 성사시킨다. 그러나 비밀 재료는 사람들이 인식하는 리더가 되는 것이다. 그래서 우수한 사람들이 당신의 주변으로 몰려들 수 있게 해야 한다.

상품·서비스 사용 추천서는 어떻게 얻는가?

두 마디로 : 얻어야 한다. 당신이 첫 거래를 성사시키고 그 고객에게 재주문을 받기 전까지가 주어진 시간이다. 그들을 대하는 방식, 서비스를 하는 방식. 대응하는 방식. 의사소통하는 방식이 당신의 관계는 물론 당신의 명성도 결정짓게 된다.

당신의 고객은 당신에 대해 말하고 다닐 것이다. 어떻게? 당신이 시간 약속을 잘 지킬수록, 친절할수록, 가치 있을수록, 기억에 남을 만할수록 당신이 적극적인 추천서를 받게 될 가능성은 높아진다.

소개장을 받는 것과 상품추천서를 받는 것은 다른 것이다. **상품 추천서**는 당신에 대해 친절한 말이다. 고객의 추천서는 당신이 한 말이 사실이며 당신이 제품에 대해 한 주장이 옳다는 증거다. **소개장**은 신규 잠재고객을 위한 하나의 단서다. 고객을 제대로 혹은 그들의 기대 이상으로 대하면 당신은 소개장과 추천서를 모두 다 얻게 될 것이다. 그러나 하나의 추천서는 수백 건의 거래를 가져다 줄 수 있다.

최종 답 : 자격이 있을 때만 추천서를 받을 수 있다. 추천서는 일종의 성적표다. 소개장처럼 당신의 행동에 성과에 대한 증명일 뿐만 아니라, 당신에 대한 고객의 신념의 증거이기도 하다. (충분히 신뢰하기 때문에 당신의 이름 옆에 자신의 이름을 적을 수 있다.)

추천서를 얻는 것은 최고 그 이상이 되는 것이다. 3번 질문으로 잠시 돌아가 보자. 내가 어떻게 매일 매일 최상의 내가 되는가?

상품 추천서가 거래 성사에 미치는 영향

잠재고객의 마음에서 리스크를 제거하는 가장 강력한 단일 루트는 바로 사용해 본 고객의 상품 추천서다.

당신의 삶을 생각해 보라. 새로운 동네에 집을 사고자 한다. 당신이 선택한 거리는 아직 절반만이 입주했다. 세일즈맨은 계속해서 "다 들어오면 집값이 오를 것입니다. 적어도 30%는 오를 것으로 기대합니다. 지금이 살 때죠."라고 말한다.

당신은 "나는 이 집이 좋아. 그리고 충분히 내가 살 수 있는데."라고 생각한다. 그래서 당신은 당신의 미래 이웃이 될 수 있는 사람들을 찾아가서 이야기해 보기로 한다. 그 가운데 두 명이 집이 균열이 생긴다고 말한다. 한 명은 차가 부서졌다고 말한다. 한 명은 시공업체가 약속한 수리를 결코 해 주지 않는다고 말한다. 그리고 한 명은 다음 달에 집을 내 놓을 것이라고 말한다.

여전히 집을 사고 싶은가? 여전히 그 집인가? 여전히 부동산업자가 말한 집값이 오를 것이라는 그 집을 원하는가? 아니면 이제 이웃들이랑 말을 해 보니 다른 생각을 갖게 되었는가? 이미 사용한 사람의 추천은 세일즈맨보다 더 효과적이다. 또한 구매를 원하는 당신의 감정적인 결정보다도 앞선다. 꽤 강력하지 않은가?

자, 이제 반대로 살펴보자. 당신이 이사하고자 하는 동네에 갔는데

이번에는 이웃들이 한결같이 "이제까지 살았던 곳 가운데 최고예요. 우리 동네가 참 좋아요. 방범도 완벽하고, 아이들도 수영장을 아주 좋아하고. 집값도 올랐어요."라고 말한다고 하자.

당신은 이제 어떤 결정을 내릴 것인가? 가능한 한 제일 빨리 그 집을 살 것이다.

최종 답 : 추천서는 세일즈맨의 말을 강화시킬 수도 있고 뒤집을 수도 있다. 하나의 추천서는 세일즈맨이 못하는 거래를 성사시키기도 한다.

하늘을 보라! 저게 새다! 비행기다! **추천서다!**
제 아무리 빠른 세일즈맨보다 더 강력하고,
한 번의 발 구르기로 세일즈 목표를 뛰어넘게 할 수
있다. 그리고 온화한 제3자로 변장한 채
진실, 정의 그리고 미국형 세일즈를 상징하는 것이
바로 추천서다.

최고의 고객을 잃지 않기 위해 지금 해야 하는 일

답 : 할 것이 없다.

대부분의 회사는 최우수 고객을 당연하게 여긴다. 세일즈맨들도 마찬가지다. 대부분의 회사는 최우수고객들이 자신의 회사를 얼마나 아끼는지 자랑하느라 여념이 없다. 그러면서 그들의 비즈니스를 지키기 위해 그 어떠한 적극적인 행동도 하지 않는다. 세일즈맨도 마찬가지다.

다음은 당신의 최우수 고객의 충성도를 유지하기 위한 3.5가지 아이디어다.

아이디어 1 : 고객의 기대 충족 정도를 측정하기 위해 분기마다 회의를 가져라. 구매자와 사용자 모두를 초대하라. 당신의 제품이나 서비스를 사용하는 모든 층의 사람들과 솔직한 대화를 하라. 예를 들어, 당신이 복사기를 판 대상은 구매부일 수 있지만 실제 복사기 사용은 부장이나 관리직 직원일 수 있다. 당신이 구매부 직원과 좋은 관계를 맺고 있다면 당신은 다음 거래는 따 놓은 당상이라고 여기고 있을 것이다. 그러나 복사기를 사용하는 사무처 직원은 당신의 제품, 서비스 심지어 당신을 증오하고 있을 수도 있다. 그리고 바로 지금 이 순간에 그들은 '자리만 차지하는 복사기 제거'라는 제목의 서신 초안을 작성하고 있을 수도 있다. 당신의 상품이나 서비스를 사용하

는 모든 사람에게 관심을 가져라.

아이디어 2 : 고객들과 매주 연락하라. 단순한 세일즈를 위한 목적 외의 이유로. 나는 《세일즈 카페인》이라고 부르는 이메일 웹진을 활용한다. 사람들은 귀중한 세일즈 팁, 아이디어, 전략이 담긴 내 메시지를 받는다. 당신의 고객은 무엇을 받는가?

아이디어 3 : 공통의 선을 위해 함께 일할 수 있는 파트너십 프로그램을 만들어라. 지역사회, 자선단체, 골프 경기 등. 당신이 고객과 '함께' 관계와 유대감을 만들 수 있는 그런 일을 하라.

아이디어 3.5 : 10명의 우수고객이 출연하는 추천 릴레이 캠페인을 만들어라. 매달 다른 당신의 최우수 고객이 왜 당신을 좋아하는지 왜 당신이 최고인지 말하는 한 페이지짜리 광고를 당신의 업계 잡지나 지역 비즈니스 잡지에 실으면 어떨지 생각해 보라. 당신의 라이벌이 당신이 낸 광고를 보고 당신의 고객을 훔치려는 시도를 포기하게 되는 장면을 생각해 보라. 충성도는 키우고 라이벌은 열받게 만들어라. 이보다 더 좋을 게 뭐가 있겠는가?

최종 답 : 큰 고객을 잃는 것은 단순히 재정적으로 손실일 뿐 아니라 감정적으로도 손실이다. 이는 회사 내 사기를 저하시키고 자신감을 위축시킨다. 그리고 어두운 비구름이 회사를 덮게 된다. 내 고객을 붙잡고 있는 데 투자하라. 일종의 보험이다. 고객 보험.

현실 진단 : 만일 큰 고객을 잃으면 다시 찾기 위해 무엇을 희생할 것인가? 답 : 고객을 유지하는 데 당신이 투자했어야 하는 것으로는 어림도 없다. 이보다 훨씬 큰 희생이 필요하다.

고객이 나를 필요로 할 때 손을 뻗으면 닿을 수 있는가?

24시간 / 7일 / 365일. 최소한 이 시간 동안은 고객이 당신에게 접근할 수 있어야 한다.

저녁 10시가 넘어서 온라인으로 주문을 넣은 적이 있는가? 물론 있을 것이다. 모두들 그런 경험이 있다. 밤 11시에 가게에 갈 수 있는가? 밤 12시에 가게에서 특정 장난감을 살 수 있는가? 오늘날 사람들은 새벽 1시에 차를 산다. 그리고 이를 전혀 대수롭지 않게 여긴다.

당신의 고객은 그렇지 않을 것이라고 생각하는가?

고객은 항상 서비스가 필요하다. 물론 고객은 무언가를 언제든 살 수 있기를 원한다.

그리고 그들은 가장 가용이 쉬운 수 있는 소스로부터 구매를 할 것이다. 대형 서점들이 온라인 서점인 아마존 닷컴이 장난이 아니라는 것을 깨닫는 데 무려 2년이 걸렸다. 지난 10년간 서점들은 자신들이 한낱 메뚜기 한 마리로 우습게 생각했던 경쟁사를 따라잡기 위해 엄청난 시간과 수백만 달러를 투입하고 있다. 그리고 그 메뚜기는 이제 무시무시한 메뚜기 떼가 되어 대형 서점의 매출을 앗아 가고 있다.

대형 서점들은 자신의 고객이 한밤중에 책을 살 수도 있다는 것을 인지하지 못한 대가로 수백만 달러를 쓰고 있다.

고객이 필요할 때 당신이 준비가 됐다는 확신을 갖기 위해 할 수 있는 5.5가지가 있다.

1 365일 7일 24시간 내내 전화는 사람이 받아라. 물론 돈은 좀 든다. 그러나 "고객님을 더 잘 모시기 위해 다음 7가지 옵션 중에서 선택을 해 주십시오."라는 수화기 넘어 녹음된 소리는 전화를 건 모든 고객에게 짜증일 뿐 아니라 새빨간 거짓말이기도 하다.

2 당신의 홈페이지를 이용하기 쉽게 만들어라. 당신의 웹사이트에 서비스 콜 스케줄을 잡을 수 있는가? 서비스 답을 줄 수 있는가?

3 당신의 홈페이지를 질문하기 쉽게 만들어라. 모두가 자주 묻는 질문이 있다. 그런데 F&Q에 나오는 질문에는 내가 알고 싶은 질문은 없다. 당신의 질문 선정 능력이 얼마나 고객에게 도움이 되고 진정한 쌍방향 서비스가 되고 있는가?

4 당신의 홈페이지를 세일즈하기 쉽게 만들어라. 당신의 고객이 주문을 넣을 수 있는가? 당신의 전자상거래 사용자 친화적인가? 당신의 고객은 클릭 한 번으로 구매를 할 수 있는가?

5 모든 인터넷 혹은 이메일 질문에 자동 혹은 빠른 답을 할 수 있게 하라. 사람들은 '즉각' 적인 것을 기대한다. 그들을 실망시키지 마라.

5.5 영업시간 외에도 고객이 당신을 이용할 수 있게 하라. 고객들에게 당신의 휴대폰 번호를 알려 주라. 당신의 이메일 주소를 알려 주라.

과제 : 경쟁사 홈페이지를 가 보라. 그리고 한밤중에 무언가를 사 보라. 서비스 콜 일정을 잡으려 해 보라. 이메일로 연락을 시도해 보라. 이제 당신 회사의 홈페이지로 가서 똑같이 해 보라. 당신이 이겼는가? 이제 경쟁사에 전화를 하라. 10만 달러짜리 주문을 시도해 보라. 당신에게도 전화를 해서 똑같이 해 보라.

비즈니스 함께 하기 가장 쉬운 사람이 승자다.

상품과 서비스 외에 내가 고객에게 가져다 주는 가치는?

이에 대한 답을 읽기 전에, 우선 생각하기 바란다. 대부분의 세일즈맨은 거래를 하고, 물건이나 서비스를 제공하고, 고객이 필요할 때 대응하고, 점심이나 야구 경기를 통해 관계를 만들고 다시 사무실로 가서 두 번째 거래를 요청한다. 더 나쁜 경우에는 입찰 참여를 통해 세일즈를 한다.

관계를 만들었다 혹은 입찰을 해 본 적이 있다고 주장하는 세일즈맨들은 현실에 살고 있지 않은 사람들이다. 당신도 그들 가운데 한 명인가? 당신은 고객에게 친절할지 모른다. 그러나 만일 당신의 가격이 2센트만 높아도 당신은 거래를 성사시키지 못한다. 이게 뭔가? 관계는 돈 몇 푼에 기초한 것이 아니다. 관계란 가치에 근간을 둔다. 재주문도 마찬가지다.

가치는 세일즈를 하기 전에 당신에 미리 하는 것이다. 그리고 당신이 관계를 만드는 중에 하는 것이다. 당신은 가치를 부가하는 것이 아니다. **당신은 가치를 준다.**

고객이 가치를 인식해야 한다. 당신은 가치라고 생각하지만 고객의 눈에 보이지 않는다면 그것은 무가치하다. 내가 한 문장으로 가치를 정의한다면 "고객에게 갈 것은 무엇이 있는가?"이다.

가치란 : 당신의 고객이 당신의 제품이나 서비스를 이용하면서 수익

을 낼 수 있게 당신이 돕는 방법이다.

가치란 : 당신의 고객이 당신의 제품이나 서비스를 이용하면서 생산성을 높일 수 있게 당신이 돕는 방법이다.

가치란 : 과정과 결과이다. 세일즈 자체가 아니다.

샬롯에서 뉴욕까지 비행기를 타고 가면서, 나는 내 뒷좌석의 남자가 휴대폰으로 상사에게 하는 이야기를 들었다. "좋은 소식과 나쁜 소식이 있습니다. 좋은 소식은 우리 제품과 발표가 제일 좋았습니다. 나쁜 소식은 고객이 우리 가격이 너무 세다고 생각했습니다." 그는 열정과 배짱이 없는 전형적인 세일즈맨이다. 만약 잠재고객이 생각할 때 그들이 최고라고 생각한다면 왜 사게끔 만들지 못하는가?

핵심 실마리 : 그의 가격이 턱없이 셌던 것이 아니다. 어떤 이는 세비를 산다. 어떤 이는 벤츠를 산다. 추가로 붙었다고 생각되는 높은 가격분은 고객이 인식하는 가치다. 그러나 위의 남자의 경우 고객의 관점에서는 가치가 보이지 않았다. 따라서 결국에는 가격이 중요했다.

최종 답 : 독자들에게 소중한 정보를 담은 책이나 기사를 씀으로써, 협회 미팅이나 공식석상에서 연설을 함으로써, 매주 웹진 이메일을 보냄으로써, 기대하지 않은 사람을 도움으로써, 결과 중심으로 움직임으로써 나는 내 제품과 서비스 이상의 가치를 고객에게 준다.

사람들은 내가 주는 가치를 인식하고 경험하면
구매를 한다.

왜 어떤 고객은 떠나는가?

떠날 준비가 되어 있기 때문이다. 당신이 그들이 떠날 기회를 주었기 때문이다. 보호받지 못했기 때문이다. 경쟁사가 채갔기 때문이다. 자신이 제대로 대접받지 못하고 있다고 생각했기 때문이다. 해결되지 않는 문제가 하나 혹은 그 이상이었기 때문이다. 그들의 문제에 대한 당신의 대응이 느리거나 믿음이 가지 않았기 때문이다.

자, 이제 진짜 질문이다 : 더 많은 손실을 막기 위해 무엇을 하고 있는가? 고객이 떠나는 진짜 이유가 뭔지 찾아보고 있는가? 아니면 단지 가격이 비싸다고 짜증만 내고 있는가?

문제를 고치지 않으면 더 많은 '가격이 안 맞아서~'라고 변명해야 할 상황만 발생하게 될 것이다. 더 많은 고객이 당신을 버릴 것이다.

최종 답 : 당신이 잃은 최근 고객 10명을 적어 보라. 전화를 걸어 물어보라. '왜?' 계속 물어보라. 그들이 떠난 진짜 이유를 찾아내는 데 3~4통의 '왜?' 전화면 될 것이다. 그리고 진짜 원인을 찾아냈다면, 이제 고쳐라.

고친 뒤 성적표 : 당신을 떠난 고객에게 전화를 하고 그들과 비즈니스를 다시 할 수 있게 만들어라.

더 많은 소개장을 받는 법

소개장을 받지 못하는 최상의 방법은
거래를 하자마자 소개장을 부탁하는 것이다.
완전 실수다. 당신이 얻은 것은? 아직 잘 모르는 사람과
상품에 대해 누가 소개장을 남발하는 위험을
무릅쓰겠는가?

당신은 끙끙거린다. "제 상관이 말하기를 거래를 하면 바로 소개장을 요구하라고 하던데요." 그렇다. 당신의 상사가 완전히 틀렸다. 생각해 보라. 방금 거래를 했다. 아직 아무것도 배송된 것도 없는 상태에서 어떻게 감히 소개장을 요구하는가?

당신은 당신의 새 고객을 말도 할 수 없을 만큼 불편하고 찜찜한 궁지로 몰아넣었다. 물론 가끔 한두 개 받을 수도 있다. 그러나 당신이 제품을 배송하고 실제로 스스로를 증명하기 전까지는 결코 진심으로 당신을 인정하는 것이 아니다.

자, 지금까지는 가장 전형적인 소개장 요청법을 설명했다면, 이제부터는 최상의 소개장 요청법을 설명하겠다.

주의 : 내가 지금부터 설명하는 방식은 노력이 필요하다. 대부분의 세일즈맨은 (물론 당신은 아니다.) 단순히 소개장을 구걸한다. 소개장을 얻기 위한 노력을 하지 않는다. 노력을 하지 않았기 때문에 소개

장 얻기가 어려운 것이다.

> 소개장을 얻는 가장 최선의 방법은
> 먼저 소개장을 써 주는 것이다. 그 다음으로 좋은
> 방법은 소개장을 얻어 내는 것이다.

이 둘을 합하면 가장 강력한 소개장 얻기 방법이 된다. 그리고 거래 말미에 다음과 같이 말하면 세팅은 완비됐다. "존스 씨, 우리가 납품 업체로 선정되어 너무나 기쁩니다. 지난 수개월 동안 우리가 선정될 충분한 자격이 있다는 것을 증명하기 위해 부단히 노력해 왔습니다. 혹시 저의 제품이나 서비스를 쓸 만한 사람이 있으시면, 한두 분 초대해서 함께 점심을 했으면 합니다. 저도 존스 씨 사업에 도움이 될 고객 한두 분을 모시고 가겠습니다."

최종 답 : 이제 당신은 소개장을 얻는 가장 강력한 방법을 알게 되었다. 당신의 고객 중 최우수 5명으로 리스트를 만들어라. 그리고 당신이 아는 사람들 중에 그들의 잠재고객이 될 만한 사람이 있는지 생각해 보라. 이렇게 하면 된다. 이렇게 다른 사람을 돕기 시작하면 된다. 이처럼 남에게 주는 것으로 시작한다. 이렇게 받기 전에 주기부터 시작하면 얼마 지나지 않아 당신은 밀려드는 소개장으로 행복한 비명을 지를 것이다.

소개장을 받기 위한 최선의 방법과 노력은?

소개장에 접근하는 최선의 방식은
소개장에 접근하지 않는 것이다.

당신을 소개하는 사람이 먼저 연락을 하게 하라. 그리고 당신에 대해 제3자 입장으로 추천의 말을 하게 하라. 아니면 3자 회의나 3자 점심도 좋다.

만약에 누군가가 당신에게 소개장을 주고 그들을 방문하라고 말을 한다. 단 당사자는 아직 그 상대에게 직접 방문은 하지 않은 상태다. 이런 상황은 기껏해야 단서밖에 되지 않는다. (게다가 꽤 불편한 단서다.)

제대로만 되면, 소개장은 영업 중에서도 가장 쉬운 방법이다. 당신의 고객이 반드시 추가적 세일즈맨의 역할을 할 수 있게 하라. 이를 통해 그 어떠한 망설임도 장애물도 제거할 수 있다.

문제는 세일즈맨들은 소개장으로 방문을 할 때 너무나 긴장하기 때문에, 잘못된 방식으로 방문을 한다. 그 결과 잠재적인 세일즈의 절반은 잃고 시작하게 된다.

당신이 100개의 소개장이 있는데 제대로 된 방식으로 접근을 하면, 90개의 세일은 성사시킨다. 만일 성공률이 50%에 불과하다면, 확신하건대 잘못은 당신에게 있다.

'소개장 얻기 노력'은 소개장을 공략하는 최선의 방식은 아닐지도 모른다. '소개장 파트너 삼기'라고 생각하라. 이게 당신의 세일즈 성공률을 최대화하려면 무엇을 해야 하는지에 대해 보다 더 분명한 아이디어를 제공한다.

> 가장 먼저 할 일은 고객에게 감사의 인사를 하는 것이다. 그 다음에는 그들의 도움을 요청하라.

전략 :

1. 가능하면 세일즈 뒤 가까운 시일 내에 고객에게서 소개장을 얻어라.
2. 당신의 고객이 방문을 통해 우선 당신을 소개하게 하라.
3. 당신의 고객이 3자 방문 약속을 잡게 하라.
4. 당신의 고객이 3자 점심 약속을 잡게 하라.
4.5 당신이 사적 영향을 미치는 데 필요한 모든 정보를 당신의 고객에게서 얻어라.

최종 답 : 당신에게 소개장을 준 고객이나 당사자야말로 당신이 세일즈를 하는 데 최선의 자원을 제공할 수 있는 사람들이다. 당신의 고객이 당신한테 필요한 모든 정보를 제공하고, 미팅 약속도 잡아 주고, 당신을 가능한 한 모든 방법으로 다 도와주었다면 후에 그 고객에게 소개장을 줌으로써 보답하라.

얼마나 많은 사람이 내 '말'을 퍼뜨려 주는가?

당신이 전달하고자 하는 말의 힘이 얼마나 강력한지에 달려 있다. 파울 리비어(Paul Revere)를 생각해 보라. "영국군이 온다! 영국군이 온다! 하나는 육지로, 둘은 바다로." 이 말은 전국적으로 퍼져 나갔다. 그리고 그 결과는 혁명적이었다.

만약 당신이 정말 완전 제대로 잘했다면, 당신의 고객은 그 이야기를 다른 사람에게 열 번은 말할 것이다. (당신이 딱 원했던 바대로.)

만일 당신이 전혀 인상적이지 못했다면, 무엇에 대해서든지 누구에게 말하려는 사람은 없을 확률이 크다.

다음을 생각해 보라 : 당신 사무실에 전화가 하루에 50에서 1,000번 걸려온다. 전화가 제일 안 오는 경우를 봐도, 1주일에 250번은 누군가가 좋은 것에 대해서 혹은 나쁜 것에 대해서 말할 기회가 있다. 선택은 당신의 몫이다.

이는 쉬운 경우다. 이제 당신이 세일즈 방식 비즈니스 방식에 대해 이야기해 보자. 이제 실제 '말'이 필요한 부분이기도 하다.

당신이 친절할수록,
비즈니스를 함께 하기 쉬울수록,
다른 사람을 위해 더 많은 아이디어를 생각해 낼수록,

당신의 서비스 품질이 탁월할수록,
당신이 약속한 것 이상을 가져다 줄수록,
더 많은 당신에 관한 '말'이 퍼져 나갈 것이다.

최종 답 : 다음은 측정자다. 만일 당신의 사무실에 다음과 같은 전화가 계속 걸려온다면 당신에 대해 좋은 소문이 퍼지고 있다는 증거다. "오늘 당신의 고객 가운데 한 사람을 만났는데 당신에게 꼭 전화를 하라고, 절대 후회하지 않을 거라고 하기에 전화했습니다." 만일 사무실에 전화가 오지 않는다면 이 또한 하나의 성적표다. 단, 자랑스레 부모님께 내보일 성적은 아니다.

현실 진단 : 이 질문의 답이 얼마나 강력한지를 이제 당신은 잘 안다. 이제 무엇을 할 것인가? 당신을 알리기 위해서 무엇을 할 것인가? 어떻게 포지셔닝을 하고, 또 이런 좋은 '말'을 퍼뜨리기 위해서 당신의 상품이나 서비스를 어떻게 개선할 것인가? 이 '입소문'을 돈이라고 생각하라. 왜냐하면 사람들이 당신에 대해 좋은 말을 하면 할수록 더 많은 성과를 올릴 것이기 때문이다.

PART 6
나만의 브랜드 만들기

내 '브랜드'를 만들기로 했어.
이제 'ㅂ'까지
만들었어.

브란도!
그건 브랜드가 아냐.
배고파. 밥이나 줘!

경쟁에서
나만의 차별화 방식은?

세일즈맨들이 갖고 있는 일반적인 오류가 하나 있다. 같은 물건이 아닌 이상, 고객들이 각각의 세일즈맨을 다르게 인식할 것이라고 간주하는 것이다. 하지만 전혀 그렇지 않다.

첫 번째 차별화는 바로 당신에게서 출발한다. 통찰력 있는 질문을 하고, 번뜩이는 아이디어를 내고, 고객과의 의사소통을 하는 능력이야말로 당신과 라이벌은 격이 다르다는 것을 증명한다.

차별화 전략은 다른 사람보다 **더 많은 준비**.
차별화 전략은 다른 사람보다 **더 친절한 자세**.
차별화 전략은 다른 사람보다 **더 통찰력 있는 질문**.
차별화 전략은 다른 사람보다 **더 깊은 신뢰 시스템으로**.
차별화 전략은 다른 사람보다 **더 많은 인지 가능한 가치를 제공함으로써**.
차별화 전략은 다른 사람보다 **더 번뜩이는 독창적인 아이디어를 제공함으로써**.
차별하 전략은 다른 사람보다 **더 뛰어난 의사소통자로**
차별화 전략은 다른 사람보다 **더 열정적인 태도로**.

고객들은 실상, 대부분의 상품은 별 차이가 없다고 본다.

고객들은 실상, 대부분의 회사는 별 차이가 없다고 생각한다.
고객들은 실상, 대부분의 세일즈맨은 별 차이가 없다고 본다.

만약 스스로를 차별화하고자 한다면, 질문을 잘해야 한다. 당신의 경쟁자는 물어보지 못할 그런 수준의 질문을 해야만 한다. 또한 세일즈 프레젠테이션 시 고객이 실제로 감탄사를 내뱉게 하거나 혹은 마음속으로라도 '이거다!' 라고 감탄하게 만들어야 한다.

최종 답 : 당신이 제대로 차별화를 달성했는지 여부는 고객의 인지 여부로 판별된다. 고객이 차이를 느끼지 못한다면 당신의 차별화 전략은 실패한 것이다. 그리고 차별화 전략의 80%는 세일즈맨의 성과와 태도다.

현실에서 차별화의 핵심은 바로 당신 자신이다.

나는 얼마나 자주
고객과 만나는가?

답 : 충분하지는 않다. 대부분 회사의 마케팅 담당 직원 (혹은 광고사)이 간과하는 것이 있다. 이들은 세일즈를 자신들의 관점에서 본다. 자신들이 누구고 무슨 일을 하는지가 세일즈의 전부라고 철석같이 믿고 있다.

한편 고객의 관점에서는 자신의 사업이 번창하는 방법이야말로 유일무이한 관심사다.

'고객 앞에 서는 것'은 다양한 방식으로 이루어질 수 있다. 가장 분명한 방법은 직접 대면하는 미팅으로, 이는 가장 강력한 방식이다. 그러나 이런 미팅을 하기가 쉽지 않다. 세일즈맨 입장에서는 시간을 늘 낼 수 없고, 고객은 영업직원을 만날 수 없다. (혹은 만나고 싶어 하지 않는다.)

그 다음은 마케팅 메시지다. 상품을 인식할 수 있게 하고, 브랜드를 구축하기 위한 시도로 실낱 같은 희망을 갖고 새로운 논문, 상품 소개지, 광고 캠페인을 쏟아 낸다. 이 밖에도 돈과 시간은 다양한 형태로 낭비되고 있다. 기업 논문, 회사 광고 메시지 등과 관련해서 내가 늘 말할 수 있는 가장 일관적인 입장은 이런 접근법이야말로 고객이 가장 무시하거나 혹은 눈이 닿기도 전에 휴지통으로 직행한다는 점이다.

광고 캠페인도 유용할 수 있다. 단, 캠페인에 상품 추천을 포함해야만 한다. 그렇지 않으면, 이런 캠페인은 거대한 미디어의 홍수에서 다른 유사한 메시지들과 함께 경쟁하는 쓸모없는 부유물에 지나지 않는다.

진입 : '가치 있는 메시지'란 고객이 읽고, 도움이 되며 다른 사람에게도 전해 주고 싶어 하는 메시지며, 고객이 다음 메시지를 기대하는 메시지다. 가치 있는 메시지는 또한 당신의 고객을 승자로 만드는 데 기여하고 당신을 승자처럼 보이게 하는 것이다.

현실 진단 : 만일 당신의 라이벌이 무언가 가치가 있는 것을 갖고 매일 당신의 고객에게 찾아간다고 가정하자. 그리고 당신이 가져가는 것이라고는 당신과 당신의 제품에 대한 허접한 회사 팸플릿이나 논문이라면? 당신은 고객에게 가치 있는 정보를 갖고 최소 한 달에 한 번 최소 일주일에 한 번은 찾아가야 한다.

내 이메일 잡지인 세일즈 카페인은 가치 있는 정보의 예라고 할 수 있겠다. www.gitomer.com에 가서 구독 신청을 하라. 첫 메일을 받으면 (가입하자마자 바로 받을 것이다.) 내가 하는 말이 무엇인지 이해하게 될 것이다. 당신의 세일즈를 도와줄 유용한 정보를 담고 있다. 게다가 공짜다. 당신을 위해 하나 구독하고, 다른 사람들에게도 추천하라. 그리고 이를 참조로 당신만의 이메일 잡지를 발행하라.

최종 답 : 시작하라. 한 달에 한 번 당신의 고객에게 가치 있는 정보를 담고 있는 이메일을 보내라. 간단하고, 기분 좋고, 당신을 정의할 수 있고, 경쟁자들과 당신을 차별화할 수 있는 것, 또 고객의 생산성이나 수익성을 향상시킬 수 있는 것. 그리고 고객이 자신들의 지인에게 포워드하지 않고는 배기지 못할 만큼 좋은 것을 만들어라.

최종 현실 진단 : 만일 당신의 회사가 너무 멍청해서 주간 가치기반 이메일을 만들어서 보낼 수 없다면 당신이 당신만의 이메일 매거진을 만들어라.

큰 비결 : 당신이 향후 수백 년 동안 갖게 될 가장 가치 있는 자산은 바로 당신의 이메일 매거진 수신자 리스트다.

고객의 구매를 유도하기 위해 내 웹 사이트에 무엇을 해야 하는가?

전자상거래는 미래 세일즈에서 주류가 될 것이다. 소매업 분야에서는 경쟁에서 살아남으려면 고객이 온라인에서도 구매를 할 수 있게 만드는 것은 이제 필수다. 전자상거래는 일상이 되었다. 그리고 당신은 이를 활용해야만 한다.

> 온라인 시장의 규모는 수십억 달러다.
> 그러나 이는 머지않아 수조 달러가 될 것이다.

거의 모든 것이 온라인상에서 구매가 가능하다. 항공사들은 온라인으로 티켓을 팔면서 수천 개의 여행사들을 도산시키고 있다.

> 당신은 온라인에서 무엇을 팝니까?
> 온라인에서 무엇을 팔 수 있습니까?
> 당신은 온라인에서 무엇을 팔아야 합니까?

한 가지 명백한 이유 때문에, 위의 질문들은 결코 맘 편한 질문은 아닐 것이다. 바로 당신의 웹사이트의 열악한 상태다. 당신의 웹사이트는 좋지 않거나, 방문자들에게 불친절하거나, 세일즈를 하기도 어렵

거나, 당신의 바보 같은 말이나 당신 혼자 떠들어 대는 것들 외에는 거의 정보를 포함하고 있지 않을 것이다.

자, 다음은 테스트다 : 당신 웹사이트의 모든 페이지를 다 클릭해 보고 당신의 고객에게 도움이 될 만한 페이지를 출력하라. 당신에 대한 정보나, 선적 조건이나, 영업 시간 말고. 여기서 내가 말하는 것은 당신 고객의 수익성을 높이거나 혜택을 줄 수 있는 것을 말한다. 그런 류의 가치가 많을수록 고객들은 구매를 원할 것이다.

과제 : 당신 웹사이트에서 판매와 관련된 모든 페이지를 클릭하라. 당신이라면 사겠는가? 혹시 당신 사이트를 통해서 구매를 시도해 본 적이 있는가? 얼마나 쉬운가? 당신의 웹사이트를 통해 구매를 한 고객에게 연락을 해 본 적이 있는가?

휴~ : 용기를 내라. 당신 라이벌의 웹사이트도 당신 것만큼이나 형편없을 것이다.

어! : 그러나 그렇지 않다면 당신은 지금 곤경에 처해 있다.

최종 답 : 핵심 세 단어 : "사이트를 쉽게 만들어라." 핵심 세 단어 하나 더 : "사이트를 재미있게 만들어라." 또 하나 더 "눈에 띄게 만들어라." 또 하나 더 : "고객의 가치를 만들어라."

또 하나 더 : "신용 카드 결제도 가능하게" 또 하나 더 "이메일 주소를 저장하라." 또 하나 더 : "매주 특별한 이벤트!" 또 하나 더 : "지금 당장 하라."

세일즈 공 : 만일 당신 회사의 웹사이트가 별로라면 당신의 웹사이트를 만들어라.

당신의 주특기는?

어른이 되기 전에는 당신은 아마도 뭔가 특별한 재능이 있었을 것이다. 이상한 소리를 내거나, 흉내를 내거나. 혹은 특이한 행동을 하거나. 예를 들어 손가락을 반대 방향으로 구부리는 것. 뭔가 특별한 것. 아마 약간 우스울 수도 있다. 그러나 사람들은 당신에게 와서 말할 것이다. "야, 도널드 덕 흉내 내 봐."

그리곤 도널드 덕 흉내 내는 아이로 유명해진다. 너무 많이 흉내를 내다 보니 당신을 이제 흉내 내는 것을 싫어할 수도 있다. 그러나 계속할 것이다. 누군가가 당신이나 혹은 당신의 특별한 재능을 인정한다는 데서 오는 일종의 자부심을 느끼면서 말이다.

자, 이제 성인이 되었다. 이제 당신의 명함을 갖고 있다.

> 당신은 무엇으로든 알려져 있는가?
> 당신의 특별한 재능은 무엇인가?
> 당신의 특별한 기술은 무엇인가?

여전히 오리 소리를 내거나 손가락 구부리기인가? 당신을 특출 나게 만드는 특별한 성취 경험은 무엇인가? 간단히 말해, 당신 하면 사람들의 머릿속에 떠오르는 것이 무엇인가?

글을 잘 쓰는가? 달리기, 골프, 사회봉사, 어머니, 아버지, 스키, 수

영? 직장에서 최고라고 알려져 있는가? 당신의 고객들은 당신에 대해 자신을 찾아온 세일즈맨 중 최고라고 생각하는가? 당신은 일과 관련해서 수상을 통해 자신의 능력을 인정받은 적이 있는가?

세일즈맨이라면 누구나 자신을 부각시키고자 한다. 그리고 다른 사람들은 단순한 경쟁 상대가 아니다. 그들 역시 동료다. 당신의 사내 경쟁자이기도 하다.

당신이 특정 분야에 뛰어난 사람으로 알려지게 되면 더 많은 존경을 받고 당신의 성공에 영향을 미칠 수 있는 사람들에게서 더 쉽게 받아들여질 것이다.

명성에 대한 질문을 보면 명성 역시 유사하고 유사한 효과를 갖고 있는 것을 알게 될 것이다. 그런데 차이는, 당신의 것으로 알려져 있는 주특기는 차별화를 만들어 내고, 명성을 부각시키고, 고객이 당신을 더 쉽게 받아들일 수 있게 도와줄 것이다.

당신은 세일즈 리더인가? 세일즈 추격자인가?

당신의 잠재고객을 지나치게 쫓아다니는가? 사람들이 당신의 전화에 답을 해 주지 않는가? 주문을 위해 지나치게 밀어붙이는가? 그 반대 상황이 되도록 시도해 보라. 잠재고객이 당신을 쫓아오게 하라. 내 경험상 이는 최고의 후속 조처다.

만일 잠재고객이 당신의 전화에 답을 하지 않는다면 누구의 잘못인가?
당신은 지나치게 쫓고 있다. 그들은 도망가고 있다. 그들의 관심을 사지 못하고 있다. 그들이 당신을 쫓아오게 하지 못하고 있다.
다음은 고객을 따라가는 당신의 방법이 잘못되었음을 나타내는 징후들이다.

- 당신은 이미 후속 조처를 몇 번 취했다. 그리고 전화나 방문을 위한 이유를 찾고 있다. 하지만 하나도 생각해 낼 수 없다.
- 전화하는 것이 불편하다. 준비가 되지 않았다. 잠재고객의 니즈를 아직 확립하지 못했다. 잠재고객의 현 상황을 아직 제대로 파악하지 못했다. 잠재고객에게서 충분한 지원을 받지 못하고 있다.
- 전화를 한다. 음성 메시지로 넘어간다. 전화를 끊는다.
- 당신의 능력 내에서 최고의 메시지를 남겼다. 그러나 연락이 없다.
- 화요일까지 결정해 주겠다는 말을 들었다. 화요일이 됐다. 그리고 지났다.

● 잠재고객은 당신에게 말도 안 되는 변명들을 늘어놓는다. 당신은 그런 변명을 믿는다.
● **최악의 증상은** : 고객에게 충분한 흥미를 자아내지 못한 것, 충분한 가치를 창출하지 못한 것, 당신에게 전화할 충분한 이유를 주지 못한 것, 이 모든 실패를 고객의 탓으로 치부한다.

다음은 고객이 당신을 좋게 만드는 3.5가지 방법이다.
1 마음을 끄는 이야기를 함으로써 고객이 다급함을 느끼게 하라. 미루기로 날려 버린 기회에 대해 말하라. 솔루션을 넌지시 말하라. 그리고 고객이 스스로 생각해 보게 하라.
2 그들의 어떤 혜택을 입을지에 대한 정보를 조금만 주어라. (감자 칩만큼 얇게) 현재 고객의 생활이나 비즈니스에 없는 무언가를 주어라. 보상 혹은 답을 위한 약간의 행동을 취할 것을 요청하라.
3 고객에게 '왜'에 대한 정보를 주라. 혹은 당신이 생각할 때 고객이 구매를 해야만 하는 가장 중요한 원인을 주라. 모든 사람은 구매를 하고자 하는 주원인이 있다. 이는 이른바 '구매 동기'라고 불린다. 가치 있는 솔루션을 제안하라. 지금 그들이 갖고 있는 것보다 나은 것. 고객이 현재를 약간 불편하게 느끼게 만드는 것도 괜찮다. 그러면 당신의 존재가 축복처럼 느껴질 수도 있다. 혹은 적어도 타당성 있는 대안을 제시하라.
3.5 '가격', '세일즈' 대신 '수익', '생산성'을 생각하라. 고객은 당신과 비즈니스를 통해 얻을 수 있는 수익에 대해 알고자 한다. 당신과 비즈니스를 통해 얻을 수 있는 가치를 알고자 한다. '돈을 안 쓰

는 것'을 통해 얻는 것보다 더 많은 것을 얻고 벌 수 있게 되기를 확신하고 싶어 한다.

최종 노트 : 고객이 구매를 하기 위해 무엇이 정말 필요한지를 알지 못하는 세일즈맨을 보면 늘 놀라게 된다. 그들은 세일즈를 위해서는 '밀어붙여야' 한다는 생각에서 벗어나지 못한다. 그러나 현실은 전혀 그렇지 않다. 어느 정도의 끈기는 필요하다. 그러나 지나친 집요함은 역효과를 불러 올 수 있다.

만일 고객을 지나치게 좇는 것이 정말 고객을 쫓아 버리게 된다면, 왜 계속 그짓을 하는가? 당신의 과제는 당신의 고객을 이끌어서 그들이 당신을 따라올 수 있게 만들어 결국 당신의 고객이 되도록 해야 한다.

내가 가장 뛰어나다고 알려진 분야는?

이 질문은 이 책에서 가장 중요한 질문이다. '가장 뛰어난 것'은 단순한 세일즈 성과를 넘어 당신의 삶과 당신 자체를 향상시키는 것이다. 언젠가 동료 연사가 달인에 대해 알려 주기를, 세상에는 세 종류의 달인이 있다고 말했다. 일반 전문가, 세계적인 수준의 전문가, 그리고 세계 제일의 전문가. 그때가 1994년 2월이었다. 그 이후 나는 하나의 미션을 수행해 왔다. 아니 바로 그 미션이라고 해야 할까?

다른 사람이 당신을 어떻게 생각하느냐는 당신에 대한 그들의 태도만을 결정짓는 데서 끝나지 않는다. 어떻게 당신과 상호 작용할지, 관계를 어떻게 발전시킬지, 당신에게서 물건을 살지, 당신에게 충성할지, 다른 사람에게 당신을 소개할지, 당신을 위해 추천서를 써 줄지, 당신에게 보상을 해 줄지 등 이 모든 것을 결정짓는다.

당신이 최고라고 생각하지 않는다면 그들은 당신의 가격을 끌어내리기 위해 최선을 다하거나 다른 세일즈맨에게서 구매할 것이다.

독서, 사고, 관찰, 발표, 집필을 통해 나는 '나의 분야에서 최고'가 되었다. 나는 단순히 세일즈에 대해서 쓰지 않는다. 나는 세일즈를 하고 그 다음 그 과정에 대해 쓴다.

대부분의 세일즈맨은 월별, 분기별, 연간 매출, 월급 인상, 경영자 클럽 가입을 위해 노력한다. 이 모두 그럴 듯하지만 단순한 목표일 뿐 그 안에 '최고'라는 단어를 포함하지 않고 있다. 당신은 당신의 회사

에서 1등 세일즈맨인가? 그렇지 않다면 "왜" 그런가? 아니면 더 잔인한 질문. "그래서 당신은 지금 어떻게 하고 있는가?"

최고라는 것은 단순히 일에만 해당하는 것이 아니다. 당신은 최고의 아버지, 최고의 어머니, 최고의 친구, 최고의 배우자가 될 수 있다. 당신이 **최선**을 다하고 있다면, 결국 **최고**가 될 것이다. 등잔 밑이 어둡듯이 스스로의 성장을 눈치 채지 못하고 있을 수도 있다. 잠시 물러서서 최근 몇 년을 돌이켜 보라. 성장했는가? 얼마나 나아졌는가? 아마도 답은 '그렇다.' 일 것이다. 그러나 질문은 '얼마나 성장했는가?' 이다. 더 해낼 수 있었는가? 그냥 그럭저럭 해낼 수 있을 만큼만 해 왔는가?

위 질문을 보다 더 쉽게 해 보겠다. 무엇에 더 많은 시간을 투자했는가? 독서, TV 시청?(당신은 결코 전미 최우수 TV 시청자 상을 받지는 못할 것이다. 자격이 충분할 수는 있겠지만.)

'**최고**'를 정의하기가 어려운 이유는 최고의 핵심에는 부단한 근면이 있기 때문이다.

최고의 노트 : 이 부분을 읽으면서 당신이 만일 '행동을 정당화하기' 위해 머리를 굴린다면 (자신에게 자신이 얼마나 굉장한 사람이고, 그것만 아니었다면 더 나아질 수 있었을 것이라고 말하면서), 당신은 너무 만족한 나머지 성공적으로 발전할 수 있는 기회를 스스로 박탈하는 것이다. 자신에 대해 만족하는 사람은 항상 할당량을 정한다. 그보다 잘하는 사람은 항상 성공적이다. 그러나 '**최고**'에 있는 사람은 자신의 목표를 끝까지 완수한다.

업계의 리더들은 나에 대해서 뭐라고 말하는가?

세일즈에 있어서 다양한 형태의 성적표가 존재한다. 당신의 세일즈 건수, 당신이 받은 소개장 건수, 자동차 할부 없애기, 큰 거래에서 경쟁자에게 이기기 등 다양하다. **내가 생각할 때 가장 강력한 성적표는 당신 개인에 대한 평판이다.**

업계 대표들이 이야기를 나눌 때 당신의 이름도 언급되는가? 그들이 당신의 존재를 인식하는가? 당신의 존재를 알고 있다면 당신에 대해 뭐라고 말하는가?

평판은 성공과 직결되어 있다. '지역 사회를 생각해 보라. 당신에 대해 어떻게 생각하는가? 당신의 존재를 인식하고 있는가? 당신의 존재를 알고 있다면, 당신에 대해 뭐라고 말하는가?

당신이 세일즈를 위해 방문하기 전 이미 당신의 평판은 퍼져 있다. 당신의 평판이 좋고, 당신이 누구인지 당신이 하는 일이 잘 알려져 있고 인정받고 있다면, 미팅 시 당신의 입지는 보다 더 견고할 것이다. 당신이 잠재고객에게 누군지부터 설명해야 하는 상황과는 차원이 다를 것이다.

최종 답 : 업계 리더들이 업계 구매자다. 그들이 당신에 대해 좋게 말한다면 이는 그들이 당신에 대해 호감을 갖고 있고, 당신을 존중하며 세 번의 입찰 없이도 당신에게서 구매할 것이다.

PART 6.5
최종 단계!

이제 모든 답은 내 손 안에.
준비완료!

그래.
근데, 하나는 빼고.
내 밥은 어디 있어?

내가 하는 일을
얼마나 사랑하는가?

세일즈를 사랑하는가?
당신이 하는 일을 사랑하는가?
당신의 제품을 사랑하는가?
당신의 회사를 사랑하는가?
당신의 고객을 사랑하는가?

내가 마구잡이로 아무렇게나 지어낸 질문들이 아니다. 당신의 생산성, 태도, 수입, 성공, 완수에 직접적인 영향을 미치는 질문들이다. 현재 일을 얼마나 오랫동안 하게 될지에 대한 답도 포함해서.

많은 세일즈맨들은 왜 자신들이 현재 이 일을 하게 되었는지 혹은 어째서 영업을 하고 있는지에 대해 고민하는 것은 꺼린다. 일부 세일즈맨은 '돈 때문에'라고 답한다. 또 일부는 "돈이 필요해요." 혹은 "공과금도 내야 하고 빚도 갚아야 해요."라고 말한다. 또 더 많은 사람들은 "부양해야 할 가족이 있어요."라고 말한다. "제가 하고 싶은 일을 할 만큼 충분히 돈을 모아 두지 못했어요."라고 답하는 사람은 없다. 그리고 불행히도 행동을 취하고자 하는 사람은 더 없다.

지금 하는 일을 사랑하지 않는다면 지금 하는 일을 지속한다고 해서 그 누구를 위하는 것도 아니다. 당신의 태도, 사기는 부정적일 것이다. 모든 것에 대해 불평할 것이다. 당신의 불행과 무능을 남의 탓으

로 돌릴 것이다.

엎친 데 덮친 격으로 : 당신의 윗사람은 성과를 올리라고 당신을 닦달할 것이다. 당신의 고객은 당신이 충분히 신경을 쓰지 않는다고 언짢아 할 것이다. 그리고 당신은 그저 그런 수준까지 진급할 것이다.

무슨 생각을 하고 있는가?

일부 세일즈맨은 심지어 자신의 일을 증오한다. 그러나 그만두지 않는다. 왜냐하면 '돈을 엄청 벌기' 때문이다. **실마리** : 고수익은 일을 계속하는 최악의 이유다. 돈이 당신의 모티프라면 관계 형성 따위는 상관없이 모든 것은 더 많은 성과를 내는 데 집중된다. 이는 장기적으로는 재난을 불러오게 될 것이다.

물론 단기적인 성공을 달성할 수는 있다. 그러나 밤에 집에 오면 당신은 당신의 불행한 처지를 TV, 맥주 등으로 달래려 할 것이다. 내일을 위한 준비는 절대 하지 않을 것이다.

단기간은 물론 이런 불행에서 벗어날 수 있을 것이다. 그러나 결국엔 더 나은 기회를 기대하며 일요신문의 구직란을 살피거나 온라인에 이력서를 올리게 될 것이다.

흥미롭게도 더 나은 기회를 찾아 헤매는 세일즈맨들은 가장 가까운 곳은 간과한다. 러셀 콘웰의 《나의 다이아몬드는 어디에》를 참고하라. 대부분의 세일즈맨은 자신이 자신의 능력 내에서 최고가 되었을 때를 인식하지 못한다. 이때가 그들이 올바른 제안을 받을 수 있는 시기인데 이때 오히려 제안을 찾아 나선다.

자, 다시 긍정적인 면을 보자. 이 질문의 목적은 당신이 자신에게 맞는 일을 하고 있는지 혹은 맞는 일을 찾아내는 공식을 주고자 함이다.

공식 : 당신이 세일즈에 몸담고 있고, 세일즈를 사랑한다면 우선 자문해 보라. "내가 뭐든지 팔 수 있다면 무엇을 팔까?" 이 질문에 대한 답이 지금 현재 당신이 판매하고 있는 것이 아니라면 당신은 문제의 일부를 찾아냈다. 그러나 이 공식은 일을 갑작스레 바꾸는 것이 아니다. 이 공식은 당신이 무엇을 하든 그 분야에서 최고의 세일즈맨이 되도록 하는 것이다. 다른 일자리를 위해 현재의 일을 떠나려고 한다면 그만두기 전에 회사에서 사내 최고 실적을 세우고 떠나는 게 어떤가?

세일즈는 도로 달리기 경주를 하는 것과 비슷하다. 경기를 이길 필요는 없다. 그러나 뛸 때마다 개인 최고 기록은 달성해야 한다.

만일 당신의 실적이 지금 직장에서 저조하거나 보통인데, 왜 다른 곳으로 옮기면 더 나아질 것이라고 생각하는가? 자, 이제 알겠는가? 공식에는 단순히 당신이 당신의 일을 사랑하는 것만 포함하고 있지 않다. 당신이 사랑하는 일을 하는 데 필요한 능력이나 기술을 소유하는 것도 포함하고 있다. (혹은 그러한 기술을 확보하기 위해 전념을 다하는 것을 포함하고 있다.)

일단 당신이 사랑하는 일을 하고, 그 일을 하는 데 필요한 기술을 확보한 뒤에 세 번째로 당신이 해야 하는 일은 믿는 것이다. 당신의 회사, 당신의 제품, 당신의 서비스 그리고 당신 자신을 믿는 것이다. 만일 당신이 가슴 깊이 모든 것이 최고라고 굳건히 믿고 있다면 그러한 당신의 메시지는 상대에게 전해질 수밖에 없다. 심오한 자기 신념은 열의와 열정을 만들어 낸다.

마지막은 당신의 태도다. 태도는 내부에서 출발한다. 아침에 당신의 기상할 때의 무드이며, 하루 종일 당신의 무드이며, 당신이 잠들 때 무드를 말한다. 그러나 태도는 감정은 아니다. 태도는 타인과의 교감에서 당신이 보여 주는 성격이나 카리스마 그리고 평생에 걸친 긍정적인 사고 연구가 태도다. 내부적으로 태도를 배양하지 못하면 외부로 결코 드러낼 수 없다.

이제 공식은 다 알고 있다. 그리고 나는 공식을 요약하지 않을 것이다. 요약을 원한다면 이 답을 반복해서 읽으면 된다.

존 패터슨(John Patterson)은 '내셔널 금전등록기 회사(National Cash Register Company)'의 설립자다. 그는 미국 세일즈맨의 아버지로, 나의 책《세일즈의 아버지 존 패터슨에게 배우는 세일즈 불변의 원칙》의 주인공이기도 하다. 그는 다음과 같은 명언을 남겼다. "진심을 담아서 일하라."

패터슨은 금전등록기를 사랑했다. 그는 왜 다른 사람들도 자신처럼 금전등록기를 사랑하지 않는지 이해하지 못했다. 개인적으로 나는 금전등록기를 좋아한다. 왜냐하면 대부분의 경우 그 안에 현금이 들어 있기 때문이다. 사랑하지 않는 일을 할 경우 결코 진심을 담아 일할 수 없다. 그래서 내 임의대로 패터슨의 명언을 한번 이렇게 바꿔 보았다. "사랑하거나 그만두거나."

이제 최고의 소식이다.
만일 사랑한다면 진심을 다하는 것은
참으로 쉬울 것이다.

제프리 지토머 (Jeffrey Gittmor)

세계 100위 안에 드는 미국의 세일즈맨이자 작가, 비즈니스 매니지먼트.

《세일즈 바이블(The Sales Bible)》을 비롯한 그의 책은 《뉴욕 타임즈(New York Times)》, 아마존닷컴(amazon.com)에서 베스트 셀러를 기록했으며, 전세계적으로 수백만 권이 팔렸다. 연합 칼럼 〈세일즈 무브스(Sales Moves)〉가 미국과 유럽의 신문에 연재되면서 매주 400만 명이 넘는 사람들이 읽고 있다.

강연 활동

일반 대중과 기업을 대상으로 1년에 100개가 넘는 프레젠테이션을 한다. 연말 세일즈 미팅을 진행하고, 판매 · 고객 충성심 · 자기계발과 관련된 실시간 및 인터넷 트레이닝 프로그램도 운영한다.

* 기업 고객 : 코카콜라 / D.R 호튼 / 카터필라 / BMW / BNG 모기지 / 싱귤러 와이어리스 / 맥 그리거 골프 / 퍼거슨 엔터프라이즈 / 킴튼 호텔 / 힐튼 / 엔터프라이즈 렌트 에이카 / 아메리 프라이드 / NCR / 스튜어트 타이틀 / 컴캐스트 케이블 / 타임 워너 케이블 / 리버티 뮤츄얼 보험 / 프리서펄 파이낸스 그룹 / 웰즈 파고 뱅크 / 밥티스트 보험 / 불르크로스 블루쉴드 / 칼스 버그 비어 / 워소 인슈런스 / 노스웨스턴 뮤츄얼 / 메라이프 / 스포츠 어소러티 글래소스미스클라인 / AC 닐스 / IBM / 뉴욕포스트

인터넷 홈페이지 운영

WOW! Web sites인 www.gitomer.com과 www.trainone.com에는 하루에 2만 5천 명의 독자들과 세미나 참석자들이 방문한다. 그의 최첨단 웹 사이트와 전자 상거래 능력은 동종업계의 기준을 제시하고 있으며, 수많은 고객의 찬사를 받고 있다.

무료 인터넷 잡지 발행 : 《세일즈 카페인 Sales Caffeine》

매주 발행되는 인터넷 잡지 《Sales Caffeine》은 매주 화요일 12만 명의 독자들의 아침을 깨워 준다. 세일즈 카페인으로 매 시기마다 가치 있는 세일즈 정보와 전략 그리고 세일즈 전문가들에게 조언을 제공한다. 더 많은 정보를 알고 싶다면 www.salescaffeine.com에 오면 된다.

세일즈 트레이닝 온라인 교육 : 트레인원 www.trainone.com

www.trainone.com에서 재미있고, 실용적이고, 실제 현장에서 즉시 활용할 수 있는 온라인 세일즈 훈련을 배울 수 있다. TrainOne은 고객 중심의 온라인 교육 분야의 선도 주자다.

온라인 세일즈 평가 : 석세스먼트 successment

세계 최초의 맞춤 세일즈 평가는 세일즈 지식의 중요한 12가지 영역에서 당신의 세일즈 기술 수준을 평가할 뿐만 아니라 50가지 미니 세일즈 방법이 들어 있는 진단서를 제공할 것이다. 이 놀라운 세일즈 기구는 당신의 세일즈 능력을 평가하고 당신의 세일즈 지식을 증대시키기 위해 맞춤식 기회를 설명할 것이다. 이 프로그램은 누구든 자신을 알 때까지는 성공을 알 수 없기 때문에 'KnowSucess'라는 이름으로 불린다.

수상 경력

1997년, 프레젠테이션의 우수성을 인정받아 '전미 강연자 협회(National Speakers Association)'에서 수여하는 공인 전문 연사(CSP ; Certified Speaking Professional)에 임명되어 상을 받았다. CSP는 지난 25년간의 총 시상 횟수가 500회 미만으로, 해당 협회에서 수여하는 최고의 상이다.

2008년, 동료들에 의해 강연자의 명예의 전당에 선출되었다. 그가 임명받은 피어 우수상 카운슬(CPAE ; Counsel of Peers Award for Excellence)은 상위권의 우수한 성적을 보인 전문 강연자들에게 수여하는 상이다.

저서

《The Sales Bible》(Harper Collins, 2008)
《Teal Book of Trust》(FT Press, 2008)
《Little Platinum Book of Cha-Ching》(FT Press, 2007)

《Little Green Book of Getting Your Way》(FT Press, 2007)

《Little Gold Book of Yes! Attitude》(FT Press, 2006)

《Little Black Book of Connections》(Bard Press, 2006)

《Little Red Book of Sales Answers》(FT Press, 2006)

《Red Book of Selling》(Bard Press, 2004)

《The Patterson Principles of Selling》(Hoboken, 2004)

《The Sales Bible》(Hoboken, New Jersey: John Wiley &Sons, 2003)

《Customer Satisfaction Is Worthless-Customer Loyalty Is Priceless》(Bard Press, 1998)

BuyGitomer,Inc.
310 Arlington Avenue • Loft 329
Charlotte, N.C. 28203
704.333.1112
www.gitomer.com • jfffrey@gitomer.com

감사하고 감사합니다!

3년 전 트리니다드 토바고로 떠나는 여행에서 내 고객은 내게 루퍼트(그의 직원 가운데 한 사람)를 관광 가이드로 보내 주었다. 내가 그에게 좋은 말을 하거나 칭찬을 하면 그는 감사하다는 말을 연거푸 하곤 했다. 그런 식의 대답은 매운 기분을 좋게 만들 뿐 아니라 색다르기도 했다. 마치 감사합니다. 그리고 또 감사합니다.라고 말하는 것처럼 들렸다.

내가 이렇게 "감사합니다. 감사합니다."라고 인사드려야 할 분들에 몇 분 있다.

이 책 《세일즈 시크릿 – 열정(원제 : Little Red Book of Sales Answers)》의 원 아이디어를 제공해 주신 레이 바드(Ray Bard) 씨. 레이와 전국책 협회에서는 첫 해 이 책이 25만 부 이상 팔릴 수 있도록 도와주었다. 앞으로도 더 많이 팔릴 것이다. 감사합니다. 감사합니다!

짐 샤틀르어(Jim Schachterle) 씨, 프렌티스 홀 출판사(Prentice Hall)는 다른 출판사와는 차별화된 곳이라며 첫 연락 뒤 끈질기게 저를 설득하신 것에 대해 감사드립니다. 감사합니다!

팀 무어(Tim Moore) 씨, 짐이 한 모든 말을 다 체크하고 작가와 출판사 사이의 진정한 파트너십을 만들어 주신 것에 대해 감사드립니다. 감사합니다!

레이첼 러소또(Rachel Russotto), 제시카 맥두걸(Jessica McDougall) 씨, 두 분의 지칠 줄 모르는 열정과, 통찰력 있고 독창적인 편집에 감사드립니다. 감사드립니다. 도와주시고 믿어 주시고 진심으로 함께

일해 주신 것에 대해 감사드립니다. 감사드립니다.
그리고 내 동생 조쉬! 훌륭한 디자인 결코 혼란스럽지 않고 분명한 디자인 방향을 잡아 준 것, 고맙다. 이제 우리는 강력한 한 팀이 되었다. 더 함께하자. 고맙다, 고맙다!
그랙 러쎌(Greg Russel) 씨, 단순한 배열이 아니라 최고의 디자인을 위해 노력해 주신 것, 감사합니다. 감사합니다.
바이 지토머(Buy Gitomer)와 트레인원(TrainOne)의 직원들, 고맙습니다. 고맙습니다.
내 친구들, 가족들, 나의 가족의 고객들, 감사합니다. 감사합니다!

훌륭한 세일즈맨은
타고나거나 만들어지는 것이 아니다.
훌륭한 세일즈맨은 시간이 흐르면서
고객에 대한 헌신과 의지를 자양분으로 발전하고
성장하여 비로소 탄생하는 것이다.
― 제프리 지토머

여러분에게
필요하지 않은 답은 오직 하나
"안 됩니다."입니다.